SeaEagle

SeaEagle

經濟戰爭與戰爭經濟

德國財政部長一戰回憶錄

卡爾・赫弗里希 Karl Theodor Helfferich 著

王光祈 譯

國與國之間的貿易紛爭因何而起，又會打成什麼樣子？

經濟戰爭，是針對經濟的戰爭。
戰爭的一方採用軍事和政治手段，
以期達到削弱或是摧毀敵方經濟力量的戰略目的，
最終使戰局局面有利於己方。

戰爭經濟，是應對戰爭的經濟。
戰爭的一方為了打破敵方施加的經濟封鎖，
或是舒緩因為戰爭而造成的經濟困境，
實施一些戰時的特殊政策，以支持戰事進行。

譯者序

此書出自德國戰時財政大臣兼內務大臣卡爾‧赫弗里希（Karl Theodor Helfferich）所著《世界大戰》（Der Weltkrieg）第二冊中的第三部分。赫弗里希原本為著名財政學者及銀行專家，歐洲戰爭開始以後不久，被德國皇帝威廉二世任命為財政大臣以及內務大臣，主持「全國經濟動員」的相關事宜。他主張的「軍費政策」，以及將「軍費」作為「特別支出」，不用傳統的徵稅方法，代之以舉行公債（借貸）作為填補，雖然多次被其他德國經濟學者抨擊，但是他在大戰之中維持德國財政危局，並且與世界列強進行「經濟戰爭」的功勞，是不能否定的。後來，德國皇帝威廉二世主張「無限制潛艇戰爭」（德國海軍部宣布的一種艦艇作戰方法，對任何開往英國水域的商船，不進行警告而予以擊沉，旨在對英國進行海上封鎖，也是後來美國對德國宣戰的導火線），赫弗里希曾經極力勸阻，可惜沒有被採納。一九一八年七月，他出任駐俄大使，並且預備「全國解除經濟動員」之事。戰後，他成為德國社會民主黨右翼首領之一，並且發明「有利馬克」計畫，以舒緩當時德國面臨的金融恐慌，並且奠定現在（對於作者所處時代而言）德國貨幣制度的基礎。一九二四年四月，赫弗里希因為火車出軌而遇險喪命，享年五十二歲。無論是友黨還是敵對政黨，都發表文章稱讚他是理財天才，是歐洲大戰中的怪異而傑出的人才。

「經濟戰爭」這個說法，是指在世界大戰之中，協約各國（尤其是英國）利用各種「經濟封鎖」的策略以圍困德國。同時，德國又用各種抵制

手段進行對抗。我們知道：戰前，德國陸海兩軍的預備已經極其充實。血戰四年，除了大戰剛開始的時候，俄國八十萬軍隊曾經趁機入侵東普魯士（東普魯士原本是普魯士王國的一個省，普魯士統一德意志以後，併入德意志帝國），不久被保羅・馮・興登堡元帥全部殲滅，敵國的陸軍沒有入侵德國境內。至於海軍的實力，自從一九一六年五月三十一日爆發的日德蘭海戰（Battle of Jutland）以後，英國海軍從此不敢正視德國海岸。所以，只針對軍事而言，德國在「國防」上的準備，可以說是非常充足。然而，德國最終難免於失敗，是輸在「經濟戰爭」上。當時，德國海軍的實力對於保護本國沿海港口來說綽綽有餘，但是想要直搗英國根據地還是不行。其結果，德國海軍逐漸被包圍於東海（波羅的海）與北海（大西洋東北部邊緣海，位於歐洲大陸的西北，北部與大西洋連成一片，東部經過斯卡格拉克海峽、卡特加特海峽與波羅的海相通）之內。但是，與德國接壤的中立各國，例如：丹麥、荷蘭、瑞典、挪威、瑞士、羅馬尼亞（羅馬尼亞尚未加入協約國之前），還可以不斷地接濟德國各種糧食用品及海外原料。

英國知道這個情況以後，立刻宣布北海也是戰爭區域。所有與德國鄰近的中立各國，從此被畫入封鎖範圍之內。中立各國的船隻從海外運回原料的時候，必須先向英國海軍部門報告，否則就會受到沒收貨物的處分。英國在各個中立國內勾結當地商家，共同組織「海軍公司」獨攬該國海軍之事。該國的船隻運入原料的時候，都要經由這家公司負責。這家公司必須向英國政府保證：所運原料確實是專供中立國自己用度，絕對不會輸入德國。同時，英國政府更是將民眾的日常生活用品，也列入「禁運物品名單」之內。當時的歐洲中立各國，雖然具有一定的軍事實力，但是對於英國這種違背國際公法的行為，只能忍氣吞聲，聽其安排。中立各國之中，

只有美國（美國尚未參戰以前）具有與英國據理力爭的資格。但是後來英國又利用美國需要英國殖民地原料的機會，與美國政府訂立條約：以後不可以再將羊毛、橡膠等物品輸入德國。於是，美國也陷入英國的圈套。

至於德國方面，海外來源既然已經斷絕，國內糧食就變得非常缺乏。至於其他方面的物資，由國內的學者想盡辦法，透過發明創造來補救。例如：「氮素」這種東西，國內非常缺乏，曾經使德國火藥及肥料之製造，陷入極其危險的境地。後來，德國學者發明從空氣中提取「氮素」的方法，這種困境才得以解除。又如：當時紡織線缺乏，德國學者又發明木料製絲的方法，使其紡織業不至於癱瘓。在大戰四年之中，德國人的發明之多，實在使世界各國驚駭不已。在其他方面，德國又利用中立各國需要煤炭、藥材、化學用品的弱點，暗中與中立各國訂立交換貨物的條約。這樣一來，歐洲中立各國輸入德國糧食的數額，竟然比戰前增加；與此相反，歐洲中立各國輸入英國糧食的數額，卻比戰前減少。所以，只針對「經濟戰爭」來說，德國也取得一定的成功。

但是大戰之時，德國的男子都要開赴前線作戰。同時，又因為要趕造槍彈（德國動員大批的女工，但是仍然缺乏勞動力），以至於國內其他生產事業面臨停頓。雖然戰爭期間曾經試用各種「戰爭經濟」的手段來補救，但是後來終於因為各個方面的力量消耗殆盡，不得不接受失敗。

「戰爭經濟」這個說法，是指一個國家與其他國家交戰之時，國內可以工作的男子必須開赴前線作戰；因為敵國的封鎖，以致國內原料和糧食的來源受到打擊。這個時候，國內的經濟生活處於一種特殊狀態，必須採用各種特殊的經濟手段來處置，學者因此稱之為「戰爭經濟」。例如：德國在大戰期間採用的「經濟效率原則」（停辦所有小工廠，專用大工廠生

產，以免多用人力和煤炭）、《救國服役條例》（限制工人自由離職，以及女工代替男工）、「限制國民糧食消費」、「重要原料收歸國有」，都是屬於「戰爭經濟」範圍內的處置措施。

　　依照德國以前的政治體制，全國的經濟事宜由內務大臣掌管。這本書的作者——卡爾・赫弗里希，曾經以內務大臣的身分，主持所有「經濟動員」，他使用的方法，很多都是前所未有的。所以，這本書的取材不是像一般「教科書」那樣，收錄各種組織條文，而是在事後追述當時創作的艱難與得失，用來給後人作為參考。

一九三二年七月七日

王光祈寫於柏林國立圖書館

編者序

　　譯者是中國近代著名的社會活動家王光祈先生，字潤璵，筆名若愚，出生於一八九二年，四川溫江人。一九〇八年，王光祈進入四川高等學堂（四川大學的前身）下設的中學學堂讀書，並且於一九一二年完成學業。同年，孫中山為了培養革命志士，在北京創辦中國大學，宋教仁、黃興先後擔任校長，王光祈於一九一四年到北京，第二年考入中國大學學習法律，並且擔任《京華日報》編輯，開始半工半讀的生活。

　　王光祈積極宣導新文化運動，並且以實際的行動將愛國的主張付諸實踐。一九一九年「五四運動」爆發的時候，他參加火燒趙家樓的示威活動。這一把大火，拉開新文化運動的序幕。一九一九年，王光祈、曾琦、陳清、李大釗等人成立「少年中國學會」。同年，在李大釗、陳獨秀、蔡元培等人的支持下，創建「工讀互助團」。

　　為了救亡圖存、報效家國，王光祈於一九二〇年四月趕赴德國，在法蘭克福學習政治經濟學，同時擔任北京《晨報》、上海《申報》駐德國特約記者。當時的中國處於新舊文化交替變革的時代，許多封建思想和勢力還是根深蒂固地存在。像王光祈那樣已經甦醒的仁人志士，在勤工儉學的同時，隨時不忘探索振興中華的道路。

　　在留學期間，王光祈廣泛涉獵和關注時政新聞，翻譯許多不僅在當時，即使在現代也非常知名的書籍，《經濟戰爭與戰爭經濟》就是翻譯自德國經濟學家赫弗里希的名作《世界大戰》中的一部分。如譯者序所說，

此書的作者以德國財政大臣及內政大臣的身分親歷第一次世界大戰，並且參與和主導一些經濟政策的制定和實施。書中提出的「經濟戰爭」和「戰爭經濟」的觀點，非常獨特而且符合實際情況。那場戰爭雖然已經距離我們很遙遠，但是它給人類帶來的巨大影響沒有完全消失。

回顧那場戰爭：完成統一並且在工業革命下實現經濟快速發展的德國，在一九一三年已經成為世界第二大貿易國。戰前，德國已經是歐洲第一大經濟體。西南部的法國與東部經過農奴制度改革以後逐漸強大的俄國，嚴重威脅德意志帝國的利益。世界已經被英、法等列強瓜分殆盡，實力強盛的德國在世界各地積極擴張的舉動，引起英、法、俄等國的強烈不滿。

德國透過「大陸政策」和「均勢外交」以遏制法國，阻止法國和俄國親近，隨著好戰皇帝威廉二世的上台，試圖壓制普魯士「軍國主義」勢力的俾斯麥下台了。以德國為首的新型殖民主義國家結成同盟，強烈要求重新瓜分世界；英、法、俄等老牌殖民主義國家也簽訂協約，戰爭一觸即發。終於，奧匈帝國皇儲斐迪南大公被刺殺以後，俄國和奧匈帝國在巴爾幹半島上的衝突再也無法透過談判消除，第一次世界大戰爆發了。

戰前，德國的綜合實力是不用懷疑的，奧匈帝國也是列強之一。但是從整體來看，協約國（義大利於一九一五年由同盟國倒向協約國）陣營無論在人口還是地域上都比同盟國陣營多，再加上一九一七年美國參戰，更是增強協約國陣營的力量。即使是在這種懸殊的力量對比之下，德國仍然可以取得許多戰果，而且到了戰爭後期，戰爭雙方死傷慘重，到了難以為繼的地步。德國可以在東西兩線同時作戰的情況下不至於慘敗，除了軍事指揮因素之外，與戰時的許多經濟政策有很大關係。但是，在巨大的消

耗戰爭中，軍需和兵源都面臨緊缺狀況，同盟國最終還是失敗了。也就是說：那場戰爭，既有充滿硝煙的炮火戰爭，也有看不見硝煙的經濟戰爭。

經濟戰爭，是針對經濟的戰爭。戰爭的一方採用軍事和政治手段，以期達到削弱或是摧毀敵方經濟力量的戰略目的，最終使戰爭局面有利於己方。

戰爭經濟，是應對戰爭的經濟。戰爭的一方為了打破敵方施加的經濟封鎖，或是舒緩因為戰爭而造成的經濟困境，實施一些戰時的特殊政策，以支持戰事進行。

以上兩段，是本書主要論述的內容。本書圍繞這兩個觀點，以德國為主線，深度剖析第一次世界大戰兩大陣營之間的炮火戰爭與經濟戰爭。由此可見，本書對於我們分析目前世界形勢來說，更是適當。

王光祈先生的譯本對原著整體脈絡的掌握準確無誤，但是由於先生處於新舊文化交替的時代，其譯本中的語言存在諸多文白雜用之處，而且許多人名、地名、重大事件的翻譯與現在的通用翻譯不同，使讀者閱讀的時候有些困難。為了使這本論述精闢的著作不淹於歷史洪流，我們謹以一顆虔誠的心，在不改動原書表述宗旨和意思的基礎上，對原譯本進行一些修改。由於年代相對久遠、所需資料有限，書中的不妥之處，敬請讀者指正，謝謝。

目錄

第二章　處於圍困之中的德國

第三章　德國對付中立各國的手段

附錄　第一次世界大戰大事年表

上篇
————

經濟戰爭

第一章　內務部

第一節　接任內務大臣

在戰爭（第一次世界大戰）剛開始的時候，我（卡爾・赫弗里希，德國經濟學家、政治家。見圖1.1）以財政大臣的身分，主持戰爭財政事務，有機會參與各種重大經濟問題的討論。一九一六年五月底，我被任命為內務大臣，其職責根據《戰前政治機關組織條例》規定，是主管全國經濟事宜。

五月六日，國務總理（德意志第二帝國首相）特奧巴爾德・馮・貝特曼-霍爾韋格（Theobald von Bethmann-Hollweg。見圖1.2）告訴我，現任內務大臣兼國務副總理以及普魯士（普魯士統一德意志各個邦國以後，成為德意志第二帝國內最大的王國，其國王兼任德意志第二帝國皇帝）政府副大臣德爾布呂克（Delbrück）已經決定辭去本職及兼任的各項職務，現在他辭職的意願更堅定，迫切希望政府批准自己辭職。德爾布呂克在戰爭開始之前，本來打算請上幾個月的假期，調養自己的病體。後來，戰爭突然到來了，德爾布呂克取消請假的計畫，繼續主持兩年本職及兼任的各項職務。自從今年開始以來，德爾布呂克的健康狀況一天比一天差，因此有重要會議的時候，我經常代替他出席。

現在，國務總理向我徵求意見，問我是否願意接替德爾布呂克，擔任國務副總理及內務大臣兩個職務。同時，國務總理請求鐵路部門的主管大

圖1.1：卡爾・赫弗里希

1908年為德意志銀行總裁，自1915年至1917年，在
第一次大戰時期擔任德意志財政部長，其在戰時主
張用借貸的方式籌集軍費，與傳統的徵稅政策不
同。1918年以後，他調任德國駐俄大使，1924年死
於瑞士貝林索納的一場火車事故。卡爾・赫弗里希
一生致力於研究政治和經濟，著述頗多。

臣布賴滕巴赫（Breitenbach）擔任德爾布呂克離職以後空缺出來的普魯士
政府副大臣一職。當時，我也在普魯士政府任職，而且是政府各個大臣中
最年輕的一個。

國務總理向我徵求意見的時候，提出使我無法推辭的各種理由。我也
非常清楚：脫離財政部，心中很難過；接任內務部的繁雜事務，心中很惶
恐，有一種跳入黑暗境域前途茫茫的感覺，超過以前剛接任財政大臣的感

圖1.2：特奧巴爾德‧馮‧貝特曼-霍爾韋格

1909年威廉二世上台以後，被任命為帝國首相，提出的許多意見都被接受。1914年，因為處理奧匈帝國皇儲斐迪南大公的做法不當，導致第一次世界大戰爆發。戰爭初期，曾經提出詳述戰爭目標和德軍狀況的「九月計畫」。1917年，陸軍作戰部的興登堡和魯登道夫掌握實權以後，被迫下台。

受。

　　至於我調任之後空缺出來的財政大臣一職，由亞爾薩斯-洛林大臣羅丹（Rödern）伯爵接任。

　　五月二十二日，皇上（德意志末代皇帝威廉二世。見圖1.3）在柏林貝爾維尤宮（Schloss Bellevue。見圖1.4）中，正式任命我為內務大臣，皇后（奧古斯塔‧維多莉亞。見圖1.5）稱讚我的膽量很大，使我受寵若驚。

圖1.3：威廉二世

德意志第一帝國皇帝威廉一世的長孫，1859年生於
柏林。1888年，其父腓特烈三世繼位三個月以後死
於咽喉癌，威廉二世繼位成為皇帝。他上台之後就
辭退「鐵血宰相」俾斯麥，大力鼓吹軍國主義，支
持德國擴軍，讓德國陷入與英、法等國的軍事競賽
中，最終導致大戰爆發。第一次世界大戰以後，德
國戰敗，他被迫退位，流亡荷蘭。

　　我對皇后說：「如果是必須要求要做到的事情，其結果一定是可以做
到的。」皇后聽了以後，退回去坐下，並且帶有譏諷的神情，說：「祈求
上帝保佑！」

　　六月一日，我正式接任內務大臣的職務。

圖1.4：柏林貝爾維尤宮

貝爾維尤宮，於1785年開始修建，在1786年建成，因為科林斯式壁柱而
知名，坐落在柏林蒂爾加滕的中部，鄰近勝利紀念柱，是德國第一座新
古典主義建築，又名「望景宮」，在第二次世界大戰中遭到嚴重破壞，
後來重修，自1994年起為德國總統府邸。

圖1.5：奧古斯塔・維多莉亞

她是德國皇帝威廉二世的皇后，也是威廉二世的表姐。他們曾經遭到威廉家人的反對，但是在俾斯麥的支持下，他們最終結合。奧古斯塔與威廉二世育有六子一女。

第二節　內務大臣職務

當時，內務大臣掌管所有內務以及聯邦會議、社會政策、經濟問題等事宜。只有關於經濟問題一項，稍微受到一些限制。在大戰之前，關於對外貿易的事情，外交部已經特設商政專司管理，並且會同內務部各個要員，隨時討論辦理的方法。大戰開始的時候，軍務部方面，所有與軍隊武裝、軍隊給養有關的問題，加上因為戒嚴狀態以及由戒嚴狀態而產生的軍事部門的特權，尤其是該部所屬的「軍用材料司」，立刻將一些重要經濟問題接手過去自行處理。

軍事機關施行之緊急處置措施，經常比民事機關根據八月四日法律可以使用的緊急處分權迅速。按照八月四日的法律，曾經授予「聯邦會議」一種特權，即「在戰爭期間，如果遇到損害經濟組織的事情，可以用緊急條例作為救濟」。但是，「聯邦會議」是一種團體組織，其代表必須等待本邦政府訓令到來，才可以表示贊同與否。相關手續雖然已經比召集國會討論簡單，但還是過於笨拙，沒有軍事機關直接施行緊急處分便捷。

此外，軍事機關與民事機關之間，關於彼此的工作範圍，從未正式劃分清楚。因此，軍事機關如果認為某個經濟問題與軍事的關聯性很大，必須立刻解決的時候，經常直接加以處置；反之，又有許多經濟問題，原本是由軍事機關著手辦理，後來經常移交到內務部，由內務部接手將其處理。為了保證政策的一致性和連貫性，軍事機關和內務部經常各派代表召開會議，以保持聯絡溝通。

當時，在內務大臣調換的時候，同時將該部原來管理事務之一的糧食問題，劃出另外組織機關專門辦理。

第三節　戰時給養問題

關於給養問題方面，當時達成一致的意見：必須組織一個嚴密靈活的戰時特別機構來專門管理。除了「聯邦會議」對於這件事情必須詳細制定法律以外，其餘如內務部以及許多中央政府、各個聯邦政府，對於制定及施行《戰時給養條例》這件事情，也要派遣專員列席，參加討論。最終結果卻是：施行條例無法統一，決議案件的施行也非常遲緩。因此，將糧食問題改由國務總理掌管，並且設置「戰時給養局」的職位，讓專人幫助國務總理辦理相關事宜。我在尚未接任內務大臣之前，對於這種解決方法，曾經表示同意。一九一六年五月二十二日，我被任命為內務大臣的時候，「聯邦會議」也在同時宣布《戰時給養條例》，並且授予國務總理沒收所有民用糧食儲備及民用器械的特權，以及解決民用糧食儲備問題需要的緊急處分權。國務總理當天公布：特設「戰時給養局」。所有國務總理關於糧食問題的特權，均由該局督辦加以處理。至於局長一職，由當時擔任東普魯士郡長巴托基（Batocki）擔任。

從此以後，國民糧食問題與我負責的內務部脫離關係。但是，關於糧食的進出口問題，仍然由內務部辦理。這是因為，由國外進口民眾需要的糧食，必須要跟各個友邦或是中立國進行經濟交涉，這些事情都是屬於內務部的事情。

除此之外，我以國務副總理的身分，可以或多或少地參與一些戰時糧食督辦的事情。根據一八七八年法律規定，新任的戰時給養局不具有臨時

代理國務總理的資格。因此，臨時代理國務總理的事情，仍然屬於我的職分。以糧食問題與其他經濟問題的密切關係而言，這種解決方法是很有必要的。這樣一來，可以便於政府統一籌劃戰時糧食問題，以免因為糧食問題獨立處理，導致戰時經濟組織陷於分裂的狀態。但是實際上，因為某些其他的關係，我參與這項戰時給養事宜的權力，極大地受到限制。因為在之前的國會中，原本有一種「國民糧食委員會」的組織，自從「戰時給養局」成立以後，只要有條例頒布，必須先與該委員會商議。起初，我想要兼任該委員會主席，以便產生監督作用。但是後來因為該委員會開會次數多，開會時間漫長，以及我的其他職務非常繁冗，想要兼任委員會主席的事情不了了之。最終，政府不得不在一九一六年七月底，決定將主席一職委託給戰時給養局局長擔任。只要是「國民糧食委員會」商議以後批准的條例，就要送到我這裡簽字。如果對送過來的批覆申請有異議，就要再經過一些繁瑣複雜的手續，但是等待批覆的問題非常急切，不能有任何的延誤。因為這個原因，我只限於萬分重要之事件，才會做出駁回的舉動。其餘次要的問題，或是我認為不重要的問題，只能不管好壞，把我的名字署上。現在仍然記得有一次，因為《雞蛋強迫條例》之事，我認為不妥當，與戰時給養局局長巴托基先生據理力爭。但是「國民糧食委員會」已經批准這個條例，巴托基先生也堅稱此事很難更改，並且宣稱推翻委員會的決議（其實，這種決議只有陳述性質）是多麼的困難。我做出這種違背心意的事情，實在不止一次了。後來，因為受到時事逼迫（陸軍元帥興登堡以辭職作為威脅，使威廉二世命令貝特曼辭去總理職務），國家元首竟然不得不打破「統一戰時經濟組織原則」，將「戰時給養局」升為「糧食大臣」，並且將代理國務總理改由「糧食大臣」擔任。一九一七年七月，威

廉二世任命格奧爾格·米夏埃利斯（Michaelis）為國務總理，任命瓦爾多（Waldow）為糧食大臣，內閣改組問題告一段落。

但是當時內務部職務之中，除去所有內務事宜及給養問題之外，關於經濟方面的事務，仍然是十分繁冗。當時，戰爭規模擴大，戰事持久，與敵人與日俱增的經濟封鎖有關，再加上內務部辦事人員，在戰爭期間大為減少，造成經濟事務日益繁雜。在戰爭初期，一般的少年辦事人員，必須前往戰場服役。其餘一部分辦事人員，或是調往各種軍事機關，擔任臨時辦事人員；或是調往德軍佔領區域，管理行政事務。同時，由沒有經過正規訓練的候補人員來彌補這個缺口。因此，內務部中所餘少數辦事人員，承擔前所未有的工作壓力。此外，國會召開會議的次數逐漸增多，使工作更為繁冗。例如：開戰以後的第一個半年期間，國會只召開三次會議，會議時間也很短，會議速記報告只有二十三頁。到了第二個半年期間，只召開九次會議，會議速記報告共有一百八十六頁。可是，到了第六個半年期間（一九一六年二月一日至八月一日），竟然召開三十七次會議，會議速記報告共有一千二百八十頁。至於國會中的各種委員，也是讓我們的辦事人員費時費力。我在內務大臣的任期內，經常從早晨九點或十點，做到晚上七點或八點，才可以把事情做完。有時候，甚至工作到午夜以後，才可以離開辦公室，第二天必須早起，繼續忙碌。其他重要部門的大臣，也是這樣忙碌。

這樣事務繁重的部門，承擔的重任是：盡快解決戰爭期間與日俱增的各種經濟問題，其困難程度可想而知。

第二章　處於圍困之中的德國

第一節　德國海軍的實力

　　協約國方面，除了採用殘忍手段對待中立各國，藐視國際公法，毫無任何顧忌以外，更是在英國領導之下，完成對德國實行經濟封鎖的圖謀。

　　德國的商船旗幟，自從開戰數日之後，已經不在公海上出現。當時，我們艦隊的實力雖然可以威嚇英國海軍，使其不敢靠近德國海岸，或是駛入德國東海，但是一九一六年五月三十一日斯卡格拉克（Skagerrak海峽，在挪威與丹麥之間）之戰（著名的日德蘭海戰，德國取得戰術上的勝利，但是之後遭到英國海軍的封鎖，再也不敢出港。見圖2.1）以後，使英國感受到我國海軍的強大實力；或是由此竟然使英國對自己最信任的海軍產生懷疑，因為要消滅我們的艦隊會使自己大傷元氣；結果，遵照國際公法規定，封鎖德國各處海港一事，沒有實行。但是在其他方面，德國海軍的實力還是不足，無法直接開往英國海軍根據地，與英國海軍一決雌雄。我們的海軍雖然運用戰術，在上次的海戰中擊敗英軍，但是之後不敢再有那樣的冒險動作。於是，我們的海軍只能停泊在北海和東海之內，被敵人牢牢地封鎖，成為一支名副其實的「存在艦隊」（一種西方海軍戰術理論）。因為我們如果出港，就有被消滅的可能；反之，英國雖然犧牲一些艦艇，但是強大的軍工業很快使英國海軍得到補充。而且在戰略上，英國海軍自從將德國停泊海外的一些巡洋艦加以割除之後（這些巡洋艦曾經奮力抵

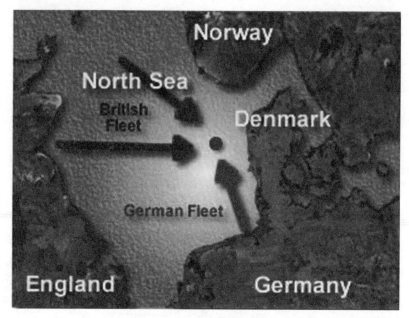

圖2.1：日德蘭海戰形勢圖

德國稱其為斯卡格拉克海峽戰役。1916年，英國出動皇家海軍33艘，德國公
海艦隊只有18艘戰列艦。德軍計畫以少數戰艦和巡洋艦襲擊英國海岸，誘使
敵艦前出以後，集中公海艦隊主力將英國艦隊聚殲。英軍統帥分別為貝蒂元
帥和傑利科上將，德軍統帥分別為舍爾上將和希佩爾上將。

抗，但是我們的艦隊因為寡不敵眾而戰敗），繼續保持海洋霸主的地位。
其間，雖然有德國巡洋艦，例如：白鴿號、狼犬號做出一些反擊動作，但
是對於德國在海上的處境，沒有實質性的幫助。從此，德國的商船必須停
泊在德國或是中立各國的海港內，不能出港。協約國（英國、法國、俄
國、義大利、美國……）的商船，一直到潛艇戰爭（德國發起的「無限制
潛艇戰爭」。見圖2.2）開始之時，都可以橫行海上，不必擔心受到任何重
大騷擾。

圖2.2：遭遇德國潛艇襲擊的商船

1917年2月，德國為了迫使英國退出戰爭，進行無限制潛艇戰爭，主要是針對向英國運送貨物的商船，企圖對英國進行海上封鎖。這項軍事破交戰雖然取得不小的戰果，但是也觸動美國的利益，導致美國加入協約國，最終英、美聯合挫敗德國的無限制潛艇破交戰術。

第二節　禁運物品名單的擴充

協約各國沒有能力封鎖我們的海岸，我們的對外貿易可以利用中立各國的商船繼續進行，但是希望不要抵觸國際公法的規定。

英國政府自從開戰之始，極力設法奪去我們這種貿易的機會。英國海軍沒有封鎖我們海港的能力，想出一種「航路商業檢查」的方法。這個方法雖然抵觸國際公法，但是以斷絕我們的海外交通來說，卻是十分有效，比嚴厲封鎖我們的海岸有用。

關於萬國航海公法一事，英國政府曾經於一九〇七年「海牙和平會議」之後，邀請各國開會討論，並且將舊日通行的國際航海條例及習慣加以整理，定為一種「成文法」，即一九〇九年二月二十六日發出的《倫敦宣言》（《倫敦海戰法規宣言》，首次闡明海戰法規則的國際公約，由美國、英國、法國、俄國、德國、日本、荷蘭、義大利、西班牙、奧匈帝國於一九〇九年二月二十六日在倫敦簽署，未正式生效）。與會各國代表（英、法兩國代表也在內）於此項宣言中（導語）特別聲明：此項宣言所定，大致上與國際已經承認之航海原則符合。但是英國政府對於此項宣言，直到歐洲戰爭開始之時，尚未加以批准。因此，開戰以後數日，美國政府向參戰各國政府叩詢，是否願意將《倫敦宣言》作為海戰公法，並且宣稱：如果可以作為海戰公法，將來參戰國與中立國之間，不至於產生嚴重誤會。德國政府及其聯盟國與奧匈帝國政府立刻回覆美國政府，表示願意承認此項宣言為海戰公法；反之，英國政府宣稱此項宣言必須加以變更

及增補，才可以承認。這種「變更與增補」出現在一九一四年八月二十日制定的條例中，其中大多數已經完全與《倫敦宣言》制定的「國際通行海戰原則」相背。英國政府對於「非禁運物品」已經由《倫敦宣言》承認其不具有軍用性質，或是只能間接用於軍事目的的物品，依照通行海戰條例，不應該視作「禁運物品」。此外，英國政府將《倫敦宣言》中「相對的禁運物品」（此項物品，如果確實是帝國宮廷或是軍隊需要的，就要視作「禁運物品」）加以取消，表示「相對禁運物品」也被列入禁運名單。結果導致，中立國為參戰國代運「相對的禁運物品」，尤其是代運糧食及工業原料的事情，從此不能再做了。英國這種舉動，不僅違背《倫敦宣言》，而且與英國在《倫敦宣言》以前宣布的海戰條例相背。美國政府（美國在參戰之前是中立國，可以透過為交戰國運送物資而獲取高額利益）在其抗議無效的許多通牒中，曾經有一次，將英國爵士索爾斯伯利（Lord Salisbury）在南非戰爭之時發出關於海戰條例的宣言，抄給英國政府請教。爵士的宣言中，有這樣一句話：「糧食，用以資助敵方的時候，才可以當作『禁運物品』。此外，只憑藉敵人軍隊應用儲備物資的嫌疑，也不能當作『禁運物品』，必須具有真憑實據，證明此項物品被查獲的時候確實是用來資助敵方，才可以當作『禁運物品』。」

上述一九一四年八月二十日英國制定的海戰條例，後來日益加劇。其目的，想要使德國的軍用材料甚至德國民眾的日常用品，從此不能再由中立各國的船隻供給。一九一六年四月二十三日，英國政府更是發布一項條例：對於「相對的禁運物品」及「絕對的禁運物品」之分別，從根本上加以取消。一九一六年七月七日，英、法兩國政府毫不客氣，完全否認已經變成千瘡百孔的《倫敦宣言》，不惜一切代價地對德國進行經濟封鎖。

第三節　英國宣布北海為戰爭區域

但是，擴充「禁運物品」名單、嚴格檢查「禁運物品」，仍然無法完全達到英國政府的目的。僅僅在海洋上，扣留檢查船隻一事，已經很麻煩，而且很危險，英國政府也收效甚微。

因此，一九一四年十一月，英國政府決定通知中立各國政府，宣布北海（大西洋東北部的邊緣海。見圖2.3）全部為戰爭區域，並且聲稱：蘇格蘭與挪威之間的北海入口要道，已經有施放炸藥的必要。同時，又向來往荷蘭、丹麥、挪威以及東海沿岸的船隻緊急勸告：以後宜沿英吉利海峽（英、法兩國之間的海峽）及多佛（Dover）航線駛行，然後再由多佛海峽（連接英吉利海峽和北海），在英國政府的指引下，前往目的地。

英國此項通知的成效，不僅使德國的海岸被封鎖，也使北海和東海沿岸中立各國的海岸，處於英國的封鎖之下。

這種違背國際公法的舉動，在一九一五年三月一日，由英、法政府再發表一項宣言，將其加劇：從今日起，英、法政府對於所有船隻，只要為敵國採運物品，或是有裝運敵國貨物的嫌疑，必須將其扣留，押入協約國的海港內。

對此，中立各國曾經提出抗議，尤其是北美洲國家。一九一五年三月三十日，美國對協約國政府發出一次通牒，指責協約國政府：不具有封鎖的必要條件，卻使用封鎖的各種權利；對於所有的嫌疑船隻，不實行正常的海洋檢查，而是將其押入自己的海港；斷絕各國對德國通商，尤其是

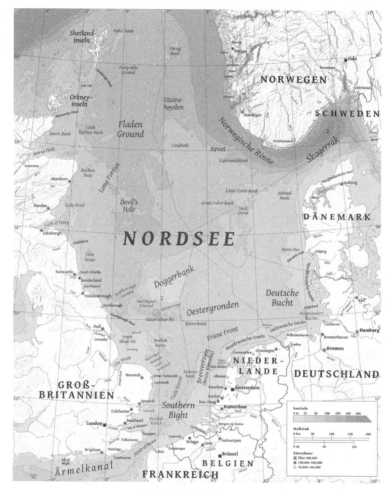

圖2.3：北海

英國為了維持海上霸權地位，並且對德國進行海上封鎖，在戰爭初期宣
布北海為戰爭區域，在北海海域布置水雷，嚴查過往的中立國船隻，
1915年宣布將會扣押向德國運送物資的船隻。作為報復，德國宣布英國
沿海為戰爭區域。

斷絕德國對於中立各國的輸出的不當行為。美國提出義正詞嚴的抗議，但
是向英國抗議的情況，直至一九一五年年底，其間交換無數通牒，反覆辯
論，結果還是一紙空文。

其後，英國政府對於檢查船隻的舉動，越來越嚴格。只要是開往德國鄰近中立各國海港的船隻，或是由德國鄰近中立各國海港開出的船隻，必須前往協約國海港報到，請求檢查，否則會受到沒收的處分。

所有英國政府採用各種威嚇手段，以使中立各國的船隻不敢再開往德國海港，或是為德國運輸物品的事情，在此難以一一列舉。

僅舉英國利用賣給船煤一事，威迫中立各國的船隻情形如下：自從一九一五年十月以後，中立各國的船隻如果向英國買煤自用，必須先行申明，該船此後全受英國之煤，不准購買德國之煤。於是，英國政府向彼等宣言：德國煤炭屬於敵貨之列，照例應該沒收……

英國政府毫無顧忌地利用其海上霸權，以壓迫中立各國。這些中立國只能提出抗議，聽其肆虐。其中，以與德國鄰近的中立各國，受到的損失最大。

但是這些中立國沒有政治和軍事上的勢力，也沒有經濟上的實力，可以抵抗英國及其盟國。而且這些中立國的民用物資來源和工業組織，大多數與海外運輸具有密切關係，無法獨立自主。

因此，協約國有時候竟然在這些中立國的疆域中，採取對抗德國的行動。這些中立國也是一再隱忍，有些中立國甚至加入協約國。

在中立各國之中，只有美國為了公法和人道（國際公法為了顧全人道，曾經規定，所有敵視行動只限於參戰國家）發出幾次有力的抗議言論。當時，美國彷彿具有擁護海上自由之態勢，但是到了最後，仍然變成紙上的抗議，沒有產生任何作用。

第四節　監督中立國的商業

戰爭期間，英國政府又強迫中立各國實行其制定的「禁止與敵人通商」的條例。戰爭剛開始，英國遵循舊例，通告本國人民，不要與敵人通商。沒過多久，其他協約各國也仿效這個做法。現在，英國更是霸道地強迫中立國也遵從這個條例。

英國這種強迫行動，甚至在美國方面，也收到一些成效。一九一五年二月，英國曾經阻止美國販賣羊毛給德國，取得成功。英國政府通告所屬殖民地，此後從美國批發羊毛，只能由美國紡織公司處理。同時，美國紡織公司向英國立約擔保：此後，公司賣出羊毛之時，必須與顧客制定嚴格的條件，以防有輸入德國的可能。同樣，英國也將美國的橡膠物品輸出，置於自己的監督之下。美國所需的橡膠原料，大約有百分之七十來自英國殖民地，百分之三十來自巴西。巴西的橡膠工業，又有一大部分為英國資本創辦。於是，英國利用這種勢力，與美國橡膠公司訂約：此後，美國輸出橡膠製品到歐洲的時候，只能取道英國，而且必須取得英國的許可。不只這類物品受到管制，甚至美國本地產品，有時候也被置於英國的監督之下。一九一五年八月，英國將棉花視作「禁運物品」之後，美國運輸棉花進入歐洲這個商業行為，只能由利物浦棉花交易所（Liverpooler Baumwollbörse）處理。處理之人必須保證，絕對不會直接或是間接將棉花輸入德國。此外，英國對於美國的金屬工業，尤其是冶銅業，也進行監督。除了上述各種英、美商業合約以外，英國也與美國重要輪船公司訂立

一些合約，即各種輪船運貨之時，需要裝貨之人做出擔保：確實沒有違反英國的海運條例。同時，英國政府對於做出擔保的輪船檢查也給出例外，比較放鬆。

以上講述的英國政府與美國商人訂立各種合約的舉動，還算是由於彼此善意諒解，最多只能稱為一些輕微壓迫；反之，英國對於其他中立國毫不客氣，讓這些中立國深受英國鐵拳壓迫之苦。

所有與德國為鄰的中立各國，每年運輸物品的數量，均由協約國加以限制。具體的限制情況，由英、法、義、俄四國代表組織的委員會，在巴黎議定。因為中立各國的船隻受到這種嚴重限制，他們在海外運輸上投入的資本，只能盡可能地節省，已經到了只求本國勉強夠用，無力再將貨物轉運到德國的地步。但是英國政府仍然覺得不夠，不停地要求中立各國政府，禁止對德國輸入。英國要求禁止輸入德國的物資，不僅是指海外採購的貨物，甚至這些中立國自己的貨物也包含在內。此外，英國政府設置一個監督機關，嚴查與德國為鄰的中立各國，每年運往海外的貨物如何處置，以免有供給漏網進入德國。

最初設置這個監督機關的是荷蘭海運公司，成立於一九一四年十一月，其創辦者為荷蘭輪船公司，以及荷蘭銀行及商鋪。這家荷蘭海運公司，曾經與英國政府訂立條約：所有公司代為裝運的貨物，英國政府可以允許其自由駛行，不會進行檢查扣留。但是公司必須向英國出具書面擔保，保證所運的貨物以及由這些貨物製成的物品，全部是供給荷蘭本國使用。同時，英國政府將事後重行盤查之權，特別聲明保留。此外，這家公司必須隨時向其委託運輸之商號瞭解情況。所有荷蘭商號的輸入事宜，全部由這家公司處理，不能再委託其他公司運輸，並且做出保證：此項貨物

全部是供給荷蘭本國。如果商號想要將貨物轉讓別人，必須經過這家公司同意。而且轉讓之時，接收轉讓貨物的一方對於這家公司，必須特別聲明：願意將出讓者對於公司承擔的義務，完全照實履行。

這家公司為了實行上述各種條約的義務，特別與輪船公司、運輸商號、儲藏倉庫訂立合約，以便隨時檢查。再加上荷蘭政府對於國界稽查特別嚴格，對於私運貨物的船隻，懲罰特別嚴重。這就使荷蘭海運公司的檢查制度更嚴密，所謂的漏網之事，就變得不可能。

一九一五年秋季，瑞士政府與英、法、義三國迭經交涉之後，也成立一種類似荷蘭海運公司的監督機關，叫做Société Suisse de Surveillance Economique及Der Industrierat，兩方共同承擔監督的責任。在瑞典方面，由Transito掌管檢查權力。在挪威方面，由挪威政府及英國領事通力合作。他們透過什麼方法最後完成商業封鎖制度，就要說到「郵政檢查」及「黑名單」兩件事情。協約國方面，對於檢查郵政之舉非常嚴格，甚至是中立國的船隻，從一個中立國海港到另一個中立國海港，也要經過嚴格檢查。經過這種郵政檢查之後，協約國對於中立各國相互之間的商業關係，更是瞭若指掌。

此外，協約國弄出一份「黑名單」，將擅自與德國通商的中立國，或是具有對德國通商嫌疑的商人姓名，全部列入「黑名單」之上，作為敵人看待，從此與之斷絕商業關係。

所有上述各種方法，其目的只是想要使陷入戰爭中的德國民族生機完全斷絕。這種殘酷暴虐手段及商人狡猾伎倆組成的「偉大」封鎖制度，在世界各國歷史中，可以說是從來沒有的。之前拿破崙（大陸封鎖政策）的範圍、方法、成效，如果與這次英國使用的「商業飢餓封鎖」手段相比，

只能算是一種「小孩遊戲」。英國這種封鎖政策，使處於歐洲大陸中心的一個大國，完全就像被敵人的炮台長久圍困一樣。

第五節　佔領地的原料及糧食情況

我們在前線屢次取得的軍事勝利，確實使國內的困難形勢得到一定程度的舒緩，但是我們面臨的根本問題，從未因此而得到改善。

自從我軍迅速佔領比利時及法國北部以後，以「經濟戰爭」一點來說，確實使我們的地位變得非常穩固。尤其是我們的原料來源，因此得到很大程度的擴充。

佔領地內的生產機會以及儲藏的原料成品和半成品，確實彌補我們本國貨物及存貨的不足，使我們的給養得到極大的補充。現在，我只舉數事為例如下：法國東北部城市隆維（Longwy）和布里埃（Briey）兩處的鐵砂，比利時的礦產，安特衛普（Antwerpen，比利時西北部城市）的造船材料，韋爾維耶（Verviers，比利時重要的毛紡織中心），以及法國北部的魯貝市（Roubaix，法國最重要的製造業中心之一）、圖爾寬市（Tourcoing）的羊毛及毛紡織品，根特市（Gent，比利時西北部港口城市）和里爾（Lille，法國北部城市）兩地的棉花、棉線、棉紡織品。後來，佔領波蘭的時候，又得到更多當地的紡織工業原料及許多半成品。

但是，無論在西部還是東部的佔領區域內，對於我們國內糧食困難的問題，都沒有任何幫助。比利時及法國北方，人煙異常稠密，依靠從外部輸入許多糧食，才可以維持民眾生活。

同樣，波蘭的農業即使在平時，已經無法滿足當地人口的需求，例如：華沙（Warschau，波蘭首都）、羅茲（Lodz，波蘭城市）、索斯諾維

茲（Sosnowice，波蘭南部城市），都是屬於工業區域，農業不是很發達。立陶宛及庫爾蘭（Kurland，波羅的海沿岸小國）等地，因為農業落後，人煙稀少，大戰期間變得更荒涼，所以對我們也沒有很大的幫助。我們駐紮在該地的軍事機關，雖然極力設法促進該地的生產，但是收效不大，對於我國的糧食問題，仍然沒有太多的救濟。關於比利時及法國北方居民糧食維持的問題，後來由美國及西班牙兩國組織的委員會代為籌辦，為我們減輕一些負擔。但是，我們必須宣言保證：我們不能奪取委員會從美國輸入的糧食。這樣一來，比利時本地的農業生產所得只能為當地效力。

　　難道他們需要的糧食應該由我們在有限的糧食之中，撥出一部分去救援嗎？可是又不能聽任他們數百萬居民，在我軍後方餓死。這個問題解決以後，對於我們自身受到「飢餓封鎖」的殘酷壓迫，卻未曾因為佔領很多地域而略為減輕。

第六節　各個盟國的糧食恐慌問題

與德國聯盟的各個國家（奧匈帝國、鄂圖曼帝國、保加利亞），對於德國糧食困難的問題，也無法有所補助。

奧匈帝國，在大戰即將開始的幾年裡，本國的糧食需求日益劇增。

該國的農業產出量，只能供給本國居民，沒有任何剩餘。但是無論如何，奧匈帝國可以保證自己的糧食需求，已經比我國的情況好很多。誰知道剛開戰不久，我們發現奧匈帝國因為糧食輸入被敵人封鎖，無法像我國一樣展開頑強抵抗。

同時，奧匈帝國的物資生產也日益減少，其政府又不能嚴厲督促。

對於本國民眾消費方面，政府檢查與限制的法令，不如德國嚴格。關於勤勉、組織、紀律，奧匈帝國也不如我國。

結果可想而知，我們雖然已經面臨極為困難的糧食問題，但是對於這個盟國，也要隨時準備援助。

等到征服塞爾維亞之後，我們對於另一個盟國——保加利亞，也要適當地予以照顧。保加利亞本來是農業國家，該國的農業產出，平時常有剩餘，但是自從開戰以後，農業受到影響，導致該國不僅無法幫助我們，也很難做到自給自足。後來，糧食問題成為保加利亞軍隊瓦解的重大原因。

同樣，土耳其（鄂圖曼帝國）方面，這個國家的農業一直不發達，在大戰之前，每年要從俄國進口很多的糧食，現在更不能指望得到該國的援助。

但是在另一方面，保加利亞，尤其是土耳其，卻可以供給我們其他的重要物品，例如：香油、肥脂、菸草、羊毛、棉花、絲綢、金屬物料之類，但是供給的數量仍然非常有限，其主要原因在於：這兩個盟國的此類物資產出量不是很多，而且當時交通不便，也不能運輸太多。戰前，這兩個盟國的出口和進口，幾乎全部經過海路；現在，土耳其的出口物資只能由君士坦丁堡（鄂圖曼帝國首都）利用單軌鐵路，取道保加利亞首都索菲亞（Sofia）運送。

　　但是這種鐵路，已經被軍事機關佔用了。此外，多瑙河航路原本是連接保加利亞與羅馬尼亞的要道，但是多瑙河航路不是很暢通，可以運送的物資也不多。

　　因此，這次大戰的時候，我們對於這條航路，必須經常加以疏通。

第七節　德國戰時糧食情形

透過以上的分析可以知道，我們國內民眾的糧食問題，不能只依靠本國農業以及中立各國的輸入（盟國已經無法指望）。英國政府雖然極力實行「飢餓封鎖」，但是我們仍然可以設法從中立各國輸入。

我們本國的農業，因為戰事的原因而受到影響：第一，國內可以工作的人，已經被抽調到前線。第二，馬匹充作軍用，國內的數量大幅減少。第三，製造炸藥需要很多「氮素」，製造肥料的元素越來越匱乏，再加上天氣不好，農業上面臨的問題更嚴重。

結果，一九一七年的黑麥和小麥收成，只有九百二十萬噸，與一九一三年（按照當年麥子收成最好的計算）的黑麥和小麥收成一千六百五十萬噸相比，差距有多大，一看就知道。同時，大麥收成由三百六十萬噸，降為二百萬噸。燕麥收成更是由九百五十萬噸，降為三百六十萬噸。一九一六年，馬鈴薯的收成，可以說是一落千丈。一九一三年及一九一五年的馬鈴薯收成，都是五千四百萬噸。一九一六年，降為二千五百萬噸。一九一七年的馬鈴薯收成，共有三千四百四十萬噸；一九一八年的馬鈴薯收成，共有二千九百五十萬噸。關於牲畜方面，牛的數量，直到一九一七年，與戰前數量相差不遠，但是戰爭期間飼料缺乏，尤其是缺乏增肥增壯的飼料，所以牛的體重，難免極大地減輕。尤其是牛奶的產量，極大地縮減。豬的數量，在一九一三年十二月一日，是二千五百七十萬頭。到了一九一七年六月一日，減少到一千二百八十萬

頭。除了數量總額減少之外，豬的重量以及豬油的產量，也是大為減縮。

　　透過以上舉出的例子，已經可以充分表示德國被敵人圍困的艱苦而危險的情形。由此可見，德國極度渴望打破協約國的「商業飢餓封鎖」，以及極度期盼可以從中立各國設法輸入糧食與原料等物資。

第三章　德國對付中立各國的手段

第一節　德國對抗的方法

　　德國可以用來對抗英國壓迫中立各國的方法，可以說是少之又少。戰前世界商場之上，銷售一方競爭激烈，但是戰爭開始以後，這種情形發生轉變。

　　國際商場上，充滿爭相購買與競價賣出並存的現象，在中立各國方面也是一樣。現在的問題，已經不是從前的「國際商業」，而是一種「海洋商業」。我們的敵國掌握海上霸權，可以將本國產出貨物或是海外殖民地產出貨物，隨意賣給中立各國，或是隨意將貨物扣留不賣；也可以將海外殖民地產出貨物，全部禁止輸入歐洲中立各國，以實行其嚴厲封鎖的政策。因此，我們的敵國決定，即使不顧所有的公法，也要利用這種特別的機會遏制我們。

　　這樣一來，我們只能完全依靠國內的物資生產來解決問題。但是這種生產力量，又因為戰爭，或遭受損失，或消耗太多。其中生產的重要物資，例如：煤炭、鋼鐵、柏油、藥材以及其他物資，雖然可以輸往中立各國以換取缺乏的物資，但是這種生產物資，不能沒有限制地輸出。同時，煤、鐵兩種物資，深受英、美兩國商業競爭的影響。此外，我們最受壓迫的方面，仍然在於協約國實行的禁止人民所用糧食與牲畜所需飼料輸入德國的「飢餓封鎖」。

因此，我們只能盡力利用各種有限的生產，與中立各國周旋，以獲取相當利益。

第二節　輸出與輸入的集中監管

　　想要達到上述目的，必須將我國輸出的物資，全部掌握在國家手中。其實，我們因為考慮到此事牽涉到本國軍事上和經濟上各種需求的安全性，對於某類輸出物品，已經禁止輸出。後來，我們決定利用自己輸出，以對付各個中立邦國，於是全國所有輸出事宜，絕對不能再放任私家工商業，讓其隨意進行貿易。

　　同樣，關於輸入的事情，也有特別加以整頓的必要。

　　我們採購中立各國的貨物，本來已經十分困難，如果再加上德國私家商人，在中立國市場上互相競爭購買，各種物資的價格就會增高，中立各國商號的出售條件，也會變得特別苛刻。

　　我們採購外國貨物的能力，也是非常有限，必須隨時全盤籌劃。而且，我們可以獲得的少數外國期票，只能限於採購最需要的貨物。

　　事實上，我們採購重要外國貨物的時候，其數量經常受到一定的限制。而且，我們必須在輸出方面做出特別讓步的時候，才可以接洽成功。所以，我們對於貨物的輸入，不能不加以全盤計畫。

　　因為上述各種理由，我們對於輸出與輸入的集中監管制度，因應時勢需求而產生。但是後來這種制度，受到人們的指責和批評。

　　這種集中監管制度的必要性，以及「經濟戰爭」的重要性，在開戰之初，沒有完全顯現出來。然而，國內經濟界一些重要人士，在開戰以後幾個星期之內，已經有一種感覺：關於前往中立各國採購貨物的事情，似

乎有統一進行的必要。因此，一些工商人士聯合成立許多團體組織。後來，這種組織的規模不斷擴大，並且與其他仿照自己組成的類似團體聯合起來，為「戰時商業政策」效力。但是在那個時候，關於前往中立各國買賣貨物的事情，仍然缺乏統一的指揮。結果，只有利用「國會」授予「聯邦會議」的特權，實行強迫手段，就算因此違背參與此事的工商各界的意志，也是在所不辭。

之前，我在財政大臣任上的時候，曾經對於這個問題進行研究。

第三節　買賣混亂的結果

當時，中立各國市場上的肉品、豬油、奶油、乾酪等物資，數量不少。我們前往採購以作軍用之時，這些物資的價格突然漲得很高，而且不停地持續增長。其中沒有任何原因，就是我們的軍事機關前往採購的時候，不僅要與外國商人競爭，還要與本國工商各界和商業公司以及奧匈帝國採購貨物的人激烈地競爭。我們彼此之間互不相讓，結果當然是，賣貨的商人看見有機可乘，就要投機，所以將貨物囤積不賣，等著哪一方出更高的價格。

一九一五年秋季，我成立「採購總局」到丹麥採購奶油，並且邀請奧匈帝國參加。在政府主導和統一籌劃之下，沒過多久就收到成效。奶油價格（每五十公斤）由二百七十五克朗，降為一百五十二克朗。而且，德、奧兩國購入之數量，比之前明顯增多。這樣一來，每個月可以為國家節省很多經費。同時，民眾與軍隊的奶油供給，也得到很大程度的改善。

我們曾經前往羅馬尼亞採購麥類，但是情況非常惡劣。協約國封鎖我們民用糧食和牲畜飼料的進口，中立各國此項進口也減縮到最小限度之後，我國及盟友奧匈帝國只能前往當時保持中立的羅馬尼亞採購糧食。一九一四年和一九一五年，羅馬尼亞的收成非常好。同時，達達尼爾海峽（土耳其西北部連接馬摩拉海和愛琴海的要衝，也是歐洲與亞洲的分界線，而且是連接黑海以及地中海的唯一航道）遭到封鎖，羅馬尼亞的麥類物資只能銷往德、奧等國。而且，以經濟情況而言，我們前往羅馬尼亞採

購民用糧食和牲畜飼料，尤其是採購玉米的時候，可以說是非常順利。雖然如此，但是以政治情況而言，羅馬尼亞對德國的態度，起初非常可疑。羅馬尼亞的政界以及農商人士，對於德、奧等國的困難境遇，沒有一個不想藉機利用，以牟取暴利。我們漫無計畫的採購，正好使羅馬尼亞的計畫得逞。我國的軍事機關以及商業、工業、農業各界，前往羅馬尼亞爭購糧食的舉動，比之前爭購丹麥奶油的時候更厲害。結果，羅馬尼亞要求的買賣，物價與日俱增。玉米每噸的價格，似乎漲至一千馬克，而且要現金交易。買賣做成之後，羅馬尼亞藉口運輸阻塞，再次對我們實施刁難，以至於付款之後，我們需要的貨物無法送達。最後，羅馬尼亞堆積的我國以及盟友購買的麥類物資，竟然多達七十萬噸，大約價值二億馬克（德國貨幣單位）。已經付款了，貨物卻無法送達。此外，羅馬尼亞可以賣出的麥類物資，還有很多。戰爭期間，羅馬尼亞成立一種麥類買賣公司，開出的售價極高，付款的條件也極其嚴苛。

對於這種情況，我們只能成立「採購總局」來應對。同時，對採購的物資進行全盤籌劃運輸。

第四節　採購總局

　　我努力奔走以及與各方討論相關事宜之後，集中採購的措施終於可以實行，並且將採購事宜委託「採購總局」辦理。但是這個部門，後來竟然被人們誤解，遭到多次的抨擊。當時，「採購總局」與義大利軍用麥類專運公司及匈牙利軍用出產公司聯合起來，共同進行採購。

　　一九一五年九月，我們還沒有攻打塞爾維亞，運輸麥類的事情已經可以著手進行。我們攻打塞爾維亞的行動，既迅速又順利。羅馬尼亞國內偏袒協約國的勢力，遭到嚴重的打擊。而且從此以後，從多瑙河運輸羅馬尼亞麥類的事情，也可以順利進行。

　　於是，一九一五年十二月和一九一六年三月，「採購總局」與羅馬尼亞政府訂立各種條約。德、奧兩國，由此可得糧食二百七十萬噸，價格和交換條件還算公平。協約國方面，尤其是英國政府，曾經用各種方法破壞這種條約。英國計畫以高價購買羅馬尼亞麥類，達成交易之後，暫時將貨物儲存在羅馬尼亞國內，以斷絕德國採購的途徑。但是英國這種舉動，實行得有些太遲了，只有一小部分成功。對於上述「採購總局」訂立之條約，英國最終未能及時阻止其成立。

　　關於運輸困難的情況，不久以後由「採購總局」聯合「德國軍用鐵路督辦」及「奧匈帝國運輸總局」設法將其改善。對於多瑙河因為戰爭而導致航路不暢的情況，也著手處理，以利於航行。我們也將匈牙利的鐵路軌道延長，以便運送糧食。此外，「採購總局」更是在短期之內，成

立一家規模宏大的多瑙河行業公司，並且添置各種裝運設備。透過以上的努力，我們在正式向羅馬尼亞開戰之前，將購買的糧食全部運到國內。在一九一六年春夏兩季處於艱難的時候，我們每個月從羅馬尼亞獲得的糧食達數十萬噸之多。

關於物資輸入集中監管，由少數團體依照「商業原則」以及採用「統一方法」來實行，雖然是制勝中立各國市場的先決條件，但是只有這種組織，仍然無法取得絕對的成效。換句話說，「採購總局」必須與我們輸出機關密切聯絡，共同計畫，才可以使計畫成功。後來我們發現，輸入價值的總額，超過輸出價值的總額。但是那些物資又是必須要輸入的，而且不能減少。於是，又出現一個新問題：如何設法湊得一筆外幣，支付「入超」需要的資金。

第五節　與中立各國交易的手段

我們輸出的各類物品之中，有一些受到中立各國的歡迎，而且對於他們都是必需品。因此，我們盡可能地利用這種輸出機會，換取我們需要的原料和糧食。

但是這種交易方法，不能依照一定的方式去做。中立各國獲取我國輸出物品的方法，向來各不相同。他們需要我國物品程度的高低，以及他們受到協約國束縛的大小，也是各不相同。而且這種情形，又因為大戰的爆發，再加上市場形勢的變化，也變得不穩定。

於是，我們根據具體的情況，決定大刀闊斧地有針對性地採取措施。在戰事初期，我們與中立各個鄰國通商，大多採用「以物易物」的方式。換句話說，我們允許輸出某類重要物品與該中立國銀行直接交涉，以解決我們「入超」應該支付的款項問題。但是這種方式沒有實行多久，就發現這種方式不是很有用，也不是很可行。尤其是我們透過這種方式，只能換到一些物資輸入，無法滿足我們的緊急需求。因此，我們逐漸覺得必須與中立各國協商，並且訂立一種規模比較大的「通商條約」。而且，這種條約要兼顧雙方的利益，對於「輸出允許」及「輸出禁止」，彼此要特別通融，並且進行有力抵抗（針對協約國）。尤其是，我們要設法阻止中立各國，不要聽從協約國禁止輸入物資到德國的意見。已經頒布禁止輸出物資給德國法令的中立各國，我們要盡力與其協商，請他們從根本上取消相關法令，或是請他們在某個期限內暫時不要實行。這種「通商條約」以精

確程度來說，雖然無法像「以物易物」特別規定交換物品的名稱和數量那樣，但是這種條約訂立之後，我國可以盡力督促中立各國政府，隨時依照條約的意旨實行。假如某個中立國不願意實行這個條約，我們可以取消之前訂立條約的時候做出的各種讓步，並且將對我們輸出的物資進行限制，用以向違約的中立國施加壓力。例如：一九一六年夏末，瑞士政府因為迫於英、法兩國的壓力，將協約國所指的屬於「禁運物品」的各種貨物，停止向德國輸入。我們雖然向瑞士政府多次提出抗議，但是因為協約國不斷施加壓力而無效。於是，我們將我國的煤、鐵等資源，以及其他瑞士必需的物資，停止對瑞士輸入。最後，瑞士政府不得不聽從我們的意見，與我們主動妥協。

透過以上各種努力，使我們與中立各個鄰國的經濟關係，從此逐漸有進展。但是「以物易物」詳細規定交換物品的名稱和數量，只能部分應用，無法滿足我們的緊急需求，在上文已經說明。透過訂立通商條約，使雙方的貿易符合互惠原則的舉措過於籠統，無法使雙方供需在一定期間內完全得到保障，也無法完全割除以前的各種阻礙。因此，我們決定兼用「以物易物」及「通商條約」兩種方式的優勢部分，並且針對我們購貨款項日趨困難的情形，設法加以解除。為了達到以上目的，我建議，應該依照三個方面，與我們中立的各個鄰國分別訂立條約：第一，此項條約，必須確立有效時間範圍以確實履行。第二，在條約有效期間，彼此之間互相輸出的物資明細，必須詳細規定。第三，我們「入超」應該支付的款項，如何寫明契據、如何付款，也要同時加以規定。參照上述三點訂立條約以後，我們與瑞士、荷蘭、丹麥、瑞典分別商議，並且訂立各種條約。

在上述條約訂立之後，我國對輸出與輸入事宜的集中監管日益加劇。

同時，對於國內的外國貨幣及外國期票（債務人對債權人開出的定期支付貨幣的票據）的流通，也不能不加以限制。結果帶來一些負面影響，關於個人利益以及一些重要職業階級的利益，難免因此受到損失。此外，執行這種集中監管制度的時候，經常過於苛刻，或是過於繁瑣，以及有些本來可以避免的錯誤而沒有設法避免。我不能不承認，像這樣的各種缺點，隨時都會暴露，但是面對問題不能有任何遲疑。尤其是商界人士，因為我們實行的這種貿易集中監管制度，大多失去用武之地，他們應該受害很大。但是，實在是被戰事逼迫，我們對於國外貿易不得不加以統一籌劃，而且這種事情沒有先例可以借鑑。因此，所有組織都是不斷地摸索，需要根據實際情況，自行開創新方法、新制度。「採購總局」的辦事人員，在一九一六年超過四千名。這些辦事人員必須從各地調來，加以編制及訓練。我們的辦事人員經手的貿易，其價值不久就達到數億馬克，以至於數十億馬克之多，必須妥善辦理。

總而言之，這項貿易事業的規模，是前所未有的。當時，我們所處的環境與所用的手續，沒有先例可以參照，必須依靠自己靈活處置。而且，我們在絞盡腦汁的時候，戰爭也在不斷地鞭策，使我們不敢停歇一刻。各種事情迫切地等待解決，決策、立法，都是迫在眉睫的事情，不能有任何遲緩。因此，有時候直接參照歷來兵法原則去做，即「決策可能是錯誤的，但是比什麼也不做更好」。

第六節　德國戰時的順利輸入

因為實行上述對外貿易集中監管制度而產生的許多缺點與困難，以及被各界批評攻擊的事情，我都會果斷承受，以免妨害大禮。被各界批評攻擊的時候，我不敢做出辯護，也不敢向民眾宣布這種制度收到的效果，更不敢當眾討論這個問題，最多只能邀請少數要人，進行秘密談話。因為我如果將所得效果當眾公布，敵人就會探悉我們的工作情形，然後以各種方法進行破壞。這樣一來，我們僥倖獲得的輸入物資的機會，又會從此失去。

現在戰爭已經結束，我對於當時的實情，可以坦然地講述，不會損害德國的利益。以下，舉出幾個事實作為例子，以證明我們與協約國苦戰的時候，對於中立各個鄰國市場，不僅可以維持德國往日的地位，而且比戰前有所改善，並且奪取一些英國的採購來源。

第一，我可以很明確地說，在戰爭階段，我國的商業活動雖然遭到協約國的封鎖，但是我國的輸入事宜可以保持某種限度，並非一般局外人士所能揣測。

第二，德國的戰前輸入，以一九一三年來說，總額是一百零八億馬克。到了一九一五年，協約國對我國完全實行商業封鎖之後，我國的輸入總額，仍然可以保持七十一億馬克。一九一六年，上升到八十四億馬克。一九一七年，又降為七十一億馬克。實際上，我們輸入減少的情形，不止這些。自從一九一五年以來，物價飛漲，如果只用輸入總額做比較，無法

表示當時輸入的實際情況。但是無論如何，當時有巨大數量的輸入總額，即使將各種貨物上漲的價格扣除不算，仍然非常可觀。由此可見，當時協約國方面，雖然極力阻斷我國海外的物資來源，以及禁止和阻撓中立各國對我國進行物資輸入，我國每年的輸入總額仍然不在少數。如果我再將輸入的各種物資的重量加以比較，就可以證明我以上所說的都是實情。

此外，還有一件事情，我必須同時聲明：我們在物資輸出上的衰退，極大地超過物資輸入。一九一三年，我們的輸出總額是一百零一億馬克，比同年的輸入總額減少七億馬克。到了一九一五年，我們的輸出總額降到三十一億馬克，比同年的輸入總額減少四十億馬克。到了一九一六年，我們在萬分困難的環境中，以及本國軍隊和民眾用度每日增加的時候，雖然可以設法逐漸將輸出總額增加到三十八億馬克，但是同年的輸入總額大為增高，「入超」的金額更是增加到四十五億馬克。一九一七年的對外貿易，輸入總額是七十一億馬克，輸出總額是三十四億馬克，「入超」為三十七億馬克。再加上大戰期間，籌集外幣變得異常艱難，中立各國的貨幣不斷增值，德國的馬克日益貶值。結果，德國每年對外貿易決算（根據年度預算執行的結果而編制的年度會計報告），經常成為負數，多達數十億馬克。

我們的輸入可以在一定程度上保持不中斷，是因為與我們相鄰的中立各國（羅馬尼亞在一九一六年八月底以前是中立鄰國之一，後來加入協約國）取代從前協約各國以及其他中立各國（只能透過海路運送物資進入德國的國家）對德國的貿易輸入。另一方面，與德國聯盟的各國，因為本國戰事用度日益劇增，沒有多餘的力量來支援德國。一九一五年，德國的輸入總額是七十一億馬克（一九一三年，輸入總額是一百零八億馬克），

中立鄰國輸入德國之總額，卻增至三十五億馬克（一九一三年，輸入德國之總額，只有十一億馬克）。到了一九一六年上半年，此項輸入德國之總額，只佔德國輸入總額百分之十，已經不可同日而語。

有許多重要物資，戰前本來由協約各國或是中立各國（只能透過海路運送物資進入德國的國家）輸入德國，戰爭開始以後由中立各個鄰國全部取而代之。有時候，輸入德國物資的數量，甚至比戰前更多。其中，尤其以畜類一種最多，因為畜牧業在中立各個鄰國中，尤其在荷蘭、丹麥兩國，一直以來都是最發達的。例如：豬肉這一項（火腿也包含在內），在一九一三年，輸入德國的數額是二萬一千六百噸。到了一九一五年，竟然增加到九萬八千二百噸。

此外，戰前奶油輸入總額之中，由西伯利亞輸入的奶油，經常超過總額的一半。開戰以後，雖然與俄國的貿易來往中斷，但是輸入總額由五萬四千二百噸（一九一三年），增加到六萬八千五百噸（一九一五年），只有牛奶和乳皮兩種物資的輸入量，比戰前減少許多。同時，乾牛酪的輸入量，也由二萬六千三百噸，增加到六萬七千三百噸，比戰前增加兩倍以上。烏青魚的輸入量，也由一百二十九萬八千桶，增加到二百八十八萬三千桶，比戰前增加一倍以上。

上述各個鄰國對我國的輸入，對於我國對外戰爭的進行，產生很大的幫助。但是這些鄰國的生產能力，無法滿足我們這麼大的需求。我們增加這麼多需要輸入的數額，這些鄰國必須先滿足本國的消費，或是對其他各國採購的物資數額加以限制，才會有額外的力量幫助我們。

當時，這些鄰國確實那樣做。他們對其他各國的採購額度加以限制，尤其是對英國，特別加以限制。以下舉出幾個例子來證明：

在戰爭期間，德、英兩國經常在荷蘭市場互相競購物品。現將荷蘭一九一三年至一九一六年，輸入德、英兩國的物資數額，列表如下：

表1：荷蘭輸入德國的物資單位（噸）

	奶油	乾牛酪	豬肉	雞蛋
1913年	19000	16100	11000	15300
1915年	36700	63300	55100	25200
1916年	31500	76200	25100	36400

表2：荷蘭輸入英國的物資單位（噸）

	奶油	乾牛酪	豬肉	雞蛋
1913年	7900	19100	34000	5800
1915年	2500	8400	7600	7800
1916年	2200	6800	10300	800

透過對比以上兩個圖表，可以知道德國在大戰的時候，從荷蘭進口的物資數額，比戰前增加；反之，荷蘭輸入英國的物資數額，比戰前減少。

同時，德、英兩國在丹麥市場上的競爭，其情形也是這樣。丹麥輸入英國的奶油數額，由八萬五千三百噸（一九一三年）降為六萬六千三百噸（一九一五年）；丹麥輸入德國的奶油數額，由二千二百噸升為二萬五千二百噸。丹麥輸入英國的豬肉數額，由九千四百噸（一九一三年）降為一千九百噸（一九一五年）；丹麥輸入德國的豬肉數額，由三千八百噸升為一萬七千九百噸。丹麥輸入英國的雞蛋數額，由三萬噸降為一萬八千八百噸；丹麥輸入德國的雞蛋數額，由一千二百噸升為一萬三千噸。

在瑞士方面，甚至在挪威（該國與英國的關係在一段時間以內是最好

的，而且不依靠德國輸出物品為生）方面，像畜牧業和漁業的產出，以及對於軍用製造最重要的幾種原料，德國不僅可以保持順利採購，而且每天都會有所改善。瑞典的鐵砂，含磷非常高，是德國各種鋼鐵製品不可缺少的原料，我們可以繼續由瑞典輸入。「矽鐵」（Ferrosilizium）與「鐵合金」（Ferrolegierung），我們也可以繼續前往瑞典採購。此外，瑞典出產的銅，也是照常輸入德國。至於木材這種原料，因為德國出產很少，無法滿足紡織業和造紙業的需求，不得不向瑞典大量的採購。挪威，是德國及其盟邦唯一採購鎳礦的地方。鎳礦是軍用製造不可缺少的物資，從挪威輸入德國及其盟邦的鎳礦，數量雖然不是很多，但是大戰期間，可以供給我們鎳礦的，只有挪威。此外，挪威的熟銅、生銅、硫黃、矽藥、硝石，也可以繼續輸入德國。瑞士可以對德國輸入鋁礦，也對我們幫助極大。

總而言之，我們當時的力量不足以打破英國的海洋封鎖，所以大戰期間，對於所有隔海市場（只能由海路轉運到德國的市場）不抱持任何希望。但是在其他方面，英國利用各種勢力，想要將我們中立各個鄰國畫入封鎖界限之內。英國想要透過這種方法，使封鎖效力直達我國陸地邊界，但是最終未能實現。也就是說，我們對於與我國接壤的中立地帶，在這場經濟戰爭中，始終可以保持不中斷的影響力。

但是，後來這些維持中立的邦國，也逐漸被捲入漩渦，深受其害。英國及其盟邦，不惜利用所有違背國際公法的手段，壓迫我們的中立各個鄰國，對各個鄰國的生產能力及生活情形，造成非常惡劣的影響。例如：嚴格限制其飼料的進口，以使我們中立各個鄰國的畜牧業，衰退得很厲害。因為中立各個鄰國也遭到削弱，如果我們想要向他們討求糧食，以解決自己面臨的飢餓問題，就要對他們做出特別的讓步，以作為交換條件。

因為出現這種情況，一九一六年年底以後，我們知道中立各個鄰國可以供給我們的資源，已經逐漸地枯竭，我們不能不正視這種危險的形勢，隨時放在眼中，以便預先籌劃應付的方法。

下篇

戰爭經濟

第一章　戰爭經濟中之科學效用

第一節　提高生產能力

在軍事上取得勝利之後，佔領敵國的廣大土地，可以使我們的經濟基礎得到擴大。同時，因為我們可以在中立各國的市場上佔得優勢，可以隨意採購所需物資。但是事實上，上述兩種獲取給養的方式，無法解決我們因為戰爭關係以及海外交通斷絕而產生的民食、畜糧、原料、成品貨物、半成品貨物缺乏的問題。因為這些物品，歷來是我國所有生產消費、經濟組織的根本基礎，所以我們不得不思考解決的方法。第一，對於現有生產消費組織，應該全部改用新法經營，並且盡可能地發明替代品，以彌補斷絕的原料。第二，對於現有人工生產方式，必須設法將其工作效率提高。第三，對於工廠生產數量以及國民生活情形，必須設法使其可以與現在突然縮小的生存活動範圍完全相應。第四，對於軍事所需物品，必須可以源源不斷地供給。

我國自從西門子（物理學家維爾納・馮・西門子，德國發明家。見圖1.1）時代以來（十九世紀中葉以來），所有純粹科學、應用科學、企業雄心取得長足的進步，而且可以互相輔助促進，使我國的國民經濟在數十年之間突飛猛進，因此也引起世界各國廣泛注目與驚詫。我國在大戰期間遭遇前所未有的困難，我必須盡可能地把上述各種學術能力，加以充分利用。而且，從前我國七千萬人的生活情形與經濟組織，原本是以全世界物

圖1.1：維爾納‧馮‧西門子

德國著名發明家、企業家，提出「平爐煉鋼法」，
革新煉鋼技術，並且創立西門子公司。西門子發明
「實用性發電機」，修建電氣化鐵路，被譽為德國
的「電氣之父」。他一生發明眾多，推動德國甚至
全世界的工業化過程。

資作為製作基礎，現在在戰事壓迫之下，不能不依靠本國有限的資源以維
持其生存。

在壓迫之下，我國的危難情形竟然促使我國的各種天才，得到大展
身手的機會。所有國內的傑出人士，苦思冥想如何利用天才的發明創造，
將我國被敵人無限壓迫和封鎖的生存活動範圍加以擴大。沒想到，在這種
刺激之下，湧現出來的新發明種類的數量，以及對人工物料的合理利用程
度，在世界歷史中是前所未有的。可惜，後來還是因為寡不敵眾而輸掉這

場戰爭。但是德國這種奮鬥精神，仍然會流芳百世，並且為德國的前途放出一線光明。

在本文中，想要詳述當時我國提高生產力所用的各種方法，不是很容易。甚至簡要敘述要旨，恐怕也說不完十分之一。所以，只能簡單舉出幾種重要發明，作為例子來談論：關於我們組織極大規模的工廠，從空氣中取出「氮素」的舉措，我已經另著專篇敘述。「氮素」是我們軍隊需求日益劇增的子彈原料之一，保證「氮素」的供應不斷，我們農業需要的氮素肥料就不必擔心了。此外，我們從德國的普通黏土中，發明提取鋁的方法。自從「碳化鈣」實驗成功以後，除了用以製造「氰氨化鈣」以外，還可以用來代替其他缺乏或是稀少的物品。例如：代替煤油、酒精，作為照明的燃料；代替外國金屬物資，用作鋼鐵製品，甚至可以用作「人造橡膠」及「酒精」的原料。至於鋁，除了用以代替日益缺乏的銅之外，對於子彈製造及電氣工業，也有很大的用途。自從橡膠輸入來源大多數斷絕以後，幸虧我們有「人造橡膠」及「改造舊橡膠」兩種發明，及時彌補缺失。雖然「人造橡膠」只能代替「硬橡膠」，但是我們對於「天然橡膠」需要的數額，卻因此大為減少，進而使戰爭期間我們的這項需求，可以勉強維持。

除此之外，我們的紡織工業以及國內民眾的衣料，因為戰爭期間的無數發明，不至於破產或是斷絕。例如：從木料中取製紡線，全部依靠我們新的發明技術。所有農業和工業需要的包裝材料，以及塹壕戰（陣地戰，雙方挖掘壕溝，進行消耗戰爭，第一次世界大戰中的「凡爾登戰役」和「索姆河戰役」都是典型的塹壕戰。見圖1.2）需要用非常多的沙袋，得益於新發明，這種沙袋原料也不會短缺。再如：我們發明「硝化纖維」

圖1.2：戰壕裡的德國士兵

第一次世界大戰中的大戰役幾乎都是塹壕戰，戰爭帶來的巨大消耗，使雙方都在一定程度上存在武器裝備和原料不足的問題。到了後期，更是進入陣地防禦階段，雙方投入兵力達到百萬以上，在反覆爭奪陣地的過程中，炮戰成為主要作戰形式。

（Nitrieren von Zellulose）以後，使我們製造「無煙火藥」的時候，不再以棉花作為其必需原料，棉花這項原料，大多要依靠進口。

　　農業方面，除了上述的（氮素肥料）製造以外，我們付出最多努力要解決的，就是飼料問題。因為自從外國這項輸入斷絕以後，國內的飼料變得極為缺乏。最初，我們設法將馬鈴薯中的水分排去，以作為長期的飼料使用（以前會有大量馬鈴薯飼料，因為受到潮濕而腐爛）。後來，這種排除水分的技術日益進步，普及到其他一直以來被認為沒有用處的物品，例如：葡萄的葉子、馬鈴薯的葉子，都化無用為有用，取得非常大的成效。沒過多久，我們又製造各種畜類輔料，尤其是黃渣輔料及麥梗輔料。此外，我們國內需要的油類物資異常缺乏，不得不一方面節省起來，利用含

有油質的種子及核仁；另一方面，從動物礦物（石片）之中，設法製取油類。這樣一來，我們的油類供應情況，每天都有改善。

　　所有上述一切發明，大半均由國家，尤其是我掌管的部門，加以各種提倡、聯絡、促進及組織運轉。我主持財政內務的時候，沒有一項政治事務可以使我心滿意足，就像這類發明事業，可惜我參與這項事業的範圍很有限。與這種發明事業的成績相反的，就是國會討論這種事情。國會討論，經常耗費時間，又沒有任何結果。因此有時候，我難免在國會中輕易發怒，或是有過於固執的地方，但是我這樣做，大多數時候是由於厭惡國會討論這件事情，經常是討論半天，耗時費力又沒有結果，並且擱置重要問題，不知道造成多大的損失。我實在是積壓太久的憤怒，忍無可忍的時候，就會一併發洩出來。

第二節 各種企業與人工的改組

除了以上提到的透過各種科學發明來提高生產能力以外，又因為戰事促使國內經濟情況發生巨大變化，所有的生產機關都有改組的必要。在開戰之初，尤其以製造大批軍用物資與保全本年田間收種之事最為急切。在其他方面，所有專做海外輸出生意或是專靠海外原料為生的工商業，又不能不加以限制。這樣一來，國內的企業家，以及公職人員、工人，對於這項新問題、新工作，都有努力設法解決的必要。

關於各種企業的改組，大多出於企業家的自發，而且可以用自己的力量應付自如。這種善於適應環境以及堅忍不拔的精神，使人們為之驚訝。例如：從前只生產日常生活用品的工廠，到了這個時候，因為受到製造軍用物品可以獲得巨大利益的誘惑，大多改製軍用物品。不僅是金屬工業這樣做，許多紡織工業以及其他類似工廠，也投入改造子彈以及火線（電路中輸送電的電源線）等物品。此外，新建設的軍工廠，更是普遍地開花。

至於人工改組問題，比上述的企業改組困難。這場戰爭最先帶來的影響，是讓人害怕的失業問題。造成這種狀況的主要原因是：大戰開始以後，國內數百萬最有能力的工人，已經開赴前線；國民經濟方面，感到工人被奪之苦，所有留存國內的人，正宜盡量利用，以提高生產力。然而，當時的情形卻不是這樣。數十萬人必須立刻離開工廠，而且前途茫茫，找不到工作。發生這種現象，其中雖然有一部分是不可避免的，但是也有一部分，是由於工廠的過分限制，或是無故停工而導致的。再加上各種企業

改組的時候，需要一些時間去適應。這個時候，所有開除的工人，無法立刻找到新工作。因此，國內的失業情況，一時之間變得非常嚴重，從下文的統計可以看出。

一九一四年七月，男工方面，每一百個缺額出來，有一百五十八人候補。到了一九一四年八月，每一百個缺額出來，有二百四十八人候補。女工方面，一九一四年七月，每一百個缺額出來，有九十九人候補。到了一九一四年八月，每一百個缺額出來，有二百零二人候補。

因為這個緣故，開戰沒多久，政府對於這種情況，立刻出面加以干涉，因為這件事情與工人自身利益以及國家生產效率有很大關係。後來，政府設立「職業介紹所」，專門解決失業問題，並且使其可以與當時軍事時代的需求情況符合。

「職業介紹所」的設置，雖然在戰前已經存在，但是非常不集中，除了一般介紹所以外，原本有「公立職業介紹所」、「招工介紹所」、「求工介紹所」、「供需職業介紹所」。但是彼此之間，各自獨立辦理，互不聯絡。等到戰爭開始的時候，內務部才設置「全國職業介紹總局」。所有上述的各種職業介紹所，必須隨時將其招工、求職的情形報告總局，以便由總局設法調整。一九一四年八月九日，總局開始辦公，其責任不僅在於聯絡上述各種職業介紹所，如果遇到緊急情況，還要自行調集工人，直接從事各種工作。例如：大戰剛開始的時候，需要由政府對工人的工作進行局部調整，安排他們從事田間收種工作、炮台築造工作、陸軍海軍製造局及其附屬工廠的工作。如果遇到國內工業、農業缺乏工人，由總局分配一些俘虜前往工作。

此外，我們還有許多輔助方法，以彌補職業介紹的不足。例如：增設

一些工作機會，以安插一般的賦閒工人；限制工廠每天的工作時間；禁止加班及夜班；分別委託工廠製造軍事用品（限於某種工廠），以減輕工人失業的壓力；對於一般的失業工人，隨時給予一些接濟。

工人的問題剛得到解決，國內的情形卻發生很大的變化，政府的職責也隨之產生調整。因為數百萬人改充兵役以及軍事用品的需求日益劇增，國內的男工頓時不足。如前文所說，一九一四年八月的時候，每一百個男工缺額出來，有二百四十八人候補。到了一九一五年四月，每一百個男工缺額出來，只有一百人候補，供需剛好相當。又過了幾個月，需要男工的情況，一天比一天多。結果，到了一九一五年十月，每一百個男工缺額出來，只有八十五人候補。到了一九一六年十月，每一百個男工缺額出來，只有六十四人候補。

反之，女工失業的情形，其改善卻非常緩慢。原因有兩點：第一，女子不需要服兵役；第二，國內工廠的工作時間有所限制的時候，女工多的工廠受限最普遍（例如：紡織工業之類）。因為這個原因，一九一五年七月（開戰以後第二年），每一百個女工缺額出來，有一百六十五人候補。後來因為紡織工業限制工作時間，到了一九一五年十月，每一百個女工缺額出來，增加到一百八十二人候補。但是到了一九一六年四月，每一百個女工缺額出來，減少到一百六十二人候補。到了同年的十月，減少到一百三十五人候補。

男工缺乏的數額日益增長，女工過剩的數額繼續保持。因此，必須立刻想辦法進行調整。最終，政府決定：國內所有行業，只要可以用女工代替男工，全部用女工。現在，根據工廠疾病保險公司一九一四年七月一日至一九一六年七月一日的統計，可以知道全國工人總額中，女工增加的數

額是多少。煉礦工業、金屬工業、機器工業的女工，由百分之九增加到百分之十九。化學工業的女工，由百分之七增加到百分之二十三。電氣工業的女工，由百分之二十四增加到百分之五十五。

只以一九一五年七月一日至一九一六年七月一日疾病保險公司的統計來看，女工增加的人數，就有七十二萬人。

至於童工方面，也和女工一樣，可以使用的地方盡量使用。為了盡量使用女工和童工（見圖1.3），以利於戰事的進行，政府在一九一四年八月四日頒布一項法律，准許國務總理：之前所有保護女工和童工的條例，可以屆時停用，並且暫作例外處置。因為戰事緊急，對於這項保護條例中的許多規定，不能絕對嚴格實行。我們的作戰行動，不是只在戰場上，所有國內各種業務，也要全體動員。無論對於國外戰場與國內業務，都要將全

圖1.3：西線戰場上的德國前線女工

由於巨大的戰爭消耗，德國國內的勞動力明顯不足。在這種情勢下，德國一些兵工廠也開始使用女工。

體國民力量集中起來孤注一擲，以謀求全國生存之道，以消滅敵人滅我之心。

　　這種抵抗意志，以後來頒布的《救國服役條例》中「工作動員」一事，最可以表現出來。關於此事，我會在以下專門詳述。

第三節　消費條例與國民糧食

我們利用科學方法與優良組織，並且善於利用可用的勞動力，促進本國生產。雖然取得很好的效果，可以緩和我們正在遭遇的困難境地，以便盡力地抵抗敵人。但是這種成效，無法使我們糧食原料缺乏的問題，就此得到解決。對於限制消費的措施，也無法因此可以停止。

對於消費的問題，到了這個時候，再也不能任其自然變化。如果限制消費的措施，只是依靠抬高物價，以使消費者無力購買更多商品，就會導致富裕的人仍然可以置購，貧窮的人只能陷入飢寒。這實在是社會政策不允許的，我們必須設法加以阻止。因為戰爭的緣故，我們飽受物資缺乏之苦，只有全體國民齊心同赴國難，限制自己的消費，才可以度過難關。

但是只規定各種貨物「最高價格」這種方法，也是無濟於事。因為透過法令強制定價，就會將經濟上「供需趨勢支配物價」的原則，從根本上打破，又沒有其他「支配原則」可以代替。假如透過法令將物價定得很低，而且不准其自由增長，很多貨物的生產製造商及行銷商，就會裹足不前；對於一般的消費者，仍然無法因此使他們自行限制。規定貨物「最高價格」的制度，原本是想要保護民眾生活，不過分地受到貴族的影響。但是在其他方面，如果我們不願意坐視貨物來源斷絕，就要另行頒布各種特別條例，以補救這項制度，例如：限制民眾消費，照收國內貨物，政府可以將各項日常生活用品的供給事務，完全接手辦理。

只要是生活用品，越是民眾必需的，其存貨數量就會越稀少，這種必

需品越是需要國家進行干涉。

因此，關於糧食管理一事，不能不先從對麵粉的管理上下手。後來，這項麵粉管理方法逐漸形成一種制度，與當時全部「戰爭經濟」的進化，具有密切關係。

關於麵粉管理問題，除了由國家規定「最高價格」以外，並且於一九一四年十月，頒布「限制消費」的法令，對於濫用麥子製造飼料的舉動，也強令禁止。此外，又規定碾麥的時候，必須摻入一些附料，例如：「小麥麵包」之內，必須添加一些黑麥；「黑麥麵包」之內，必須添加一些馬鈴薯（或是馬鈴薯粉）。後來，這項規定日趨嚴格，而且得到一些補充。

一九一五年一月，為了堅決果斷地明確以上的規定，我們更進一步，確切規定每人每日所需麵包及麵粉數量的最高限度，並且發出一種「麵包券」及「麵粉券」，以便民眾每天按券採購。同時，又將這項經營全國現存麵粉的事務，委託「戰時麵粉總局」處理。這個總局組織，是一九一四年十一月由私人發起的「戰時麵粉公司」的基礎上，加以擴充改組以後成立。所有全國現存麥子，全部加以沒收，交於總局接管，再由總局加以儲藏碾磨，交由全國各地新成立的「麵粉領取機關」分配。所有關於到麵包店領麵粉，以及本地居民領券的手續，由該地「市區公會」承辦。

一九一五年六月二十八日，政府再次命令，對「戰時麵粉總局」進行最後一次改組。從此以後，關於麥麵問題事務，改由「全國麥麵總局」辦理。局內分設行政和商業兩個部門，「行政部」具有政府的各種特權，「商業部」依照商業性質辦理。這個新組織與以前的組織的不同之處在於：現在（一九一五年）麥子的收成，不是直接由「全國麥麵總局」沒

收，而是由各地「市區公會」沒收。因為「市區公會」關於執行沒收手續，以及檢查本地情形，是最適當也是最便利的。「市區公會」負責將沒收的麥子，交於「全國麥麵總局」及其制定之機關。

透過以上內容可以知道，我們對於管理麵粉事宜，顯然有一個特點：「沒收國內存麥」與「經營麵粉生產」兼圖並進。

這種管理麵粉事宜的組織，取得的效果可以說是十分圓滿：對於軍隊及民眾，可以提供充分而不斷的供給，而且可以使麵粉價格下降，比其他各國（包括：交戰國、中立國，以及美洲各國）低。德國在大戰之前，因為實行農業保護關稅的緣故，國內麥子的價格高居世界第一。等到開戰之後，外國輸入斷絕，又因為田間工作不力，肥料供應不足，麥子收成比戰前差。然而，我們竟然可以在這種情形之下，逐漸將國內的麥子價格降到那麼低的程度。

然而，麵粉本來就非常有利於公營，因為全國所需麵粉以及所存麥子的數額比較容易計算，檢查的方法也很簡單，黑麥及小麥的保存和運輸也很便捷，它們的區別，相差不是很遠。上述各種便利的情形，使國家統籌分配的舉措易於進行。其他各種糧食，大多缺乏這類優點，即使有，也不如麥子的便利多。因為這個原因，在大戰初期的時候，政府沒有想到要將這種麵粉管理制度，移用於其他各種糧食上。只以馬鈴薯這種糧食來說，不便實行這種統一的管理制度。關於馬鈴薯存貨數量，因為馬鈴薯儲藏在地下，不便於調查。再加上保存難度大，種類偏多，更使統一管理變得異常困難。其他容易腐爛的物品，例如：蔬菜、果品、肉類、牛奶、奶油、雞蛋、魚類，更是難於集中管理。

後來，政府鑑於上述各種物品逐漸供應不足，想要利用其他方法，以

使這類物品可以用公平的價格平均分配。當時所用的方法，或是依靠商業監督制度；或是透過公司專賣條例；或是由市區公會出面，與商人和生產者訂立交貨條約；或是命令生產者，將其貨物繳於省政府和市區公會；或是隨時規定各種貨物價格。此外，設置「盤查物價公所」以及「檢舉重利衙門」。但是以上列舉的各種方法，收效經常不如預期。因為這個原因，明知前面難關重重，也要逐漸採用果斷措施，以求最後解決，就像麵粉管理取得很好的效果那樣。從此以後，對於各種食品問題，由「部分干涉」轉變為「集中管理」，並且以上文的麵粉管理制度作為模範。於是，政府分設各種總局辦理。每個總局之內，各分行政、商業兩個部門，以行使政府職權及商業職責。然後，「全國馬鈴薯總局」、「全國瓜品總局」、「全國蔬果總局」、「全國白糖總局」、「全國肉品總局」、「全國食油總局」、「全國雞蛋分配總局」、「全國魚類食品供給總局」一一成立。而且這類總局，大多設有其他附屬機關，例如：「戰時蔬菜公司」、「戰時池魚鰻魚公司」之類。

當時，我對於將這種「強迫經濟」的方法，施行到不適於國營的行業的做法，屢次加以反對。即使在今天，我仍然認為：許多行業因為受到「強迫經濟」的影響，以致弊多於利。因為「強迫經濟」經常使生產者產生混亂與誤會，並且釀成生產停頓的災禍。此外，還有很多容易腐爛的食品，如果由商人直接賣給消費者，是非常便捷和安全的；現在因為「強迫經濟」的緣故，致使很多食品腐壞變質而失去價值，結果就是生產者與消費者遭受損失。而且，由於過分濫用「強迫經濟」的手段，使商人私下交易的事情與日俱增，因此而帶來的損失更是不可思議。一方面，政府檢查的機會很少；另一方面，因為「強迫經濟」過於嚴格，趁機僥倖避免的人

日益增多。這樣一來，私自交易變得防不勝防，無法禁止。透過施行重罰來防範，也無法產生很大作用，而且會有適得其反的結果，以致販運私貨的商人數量更多，私下訂定的價格更高。因此，我認為：如果處罰稍微輕一些，或許可以減少販運私貨的事情。但是我提出的所有抗議，完全沒有效果。原因是：「戰時糧食督辦署」及其附屬的各種總局，有一種趁機擴充自己權力的雄心。再加上督辦署附設的「國民糧食委員會」（由國會議員組成）贊成各種糧食事宜統一由國家經營的人數眾多，於是督辦署人員擴充權力的雄心，更變得不可抑制。

第四節　重要原料收歸國有

關於工業原料問題，在戰爭剛開始的時候，就由陸軍部設立「軍用原料司」部門，專門管理相關事務。

這個部門對於國內所存的不能自行增加產出的各種軍用原料，立刻加以沒收。這種情況尤其以德國國內不能生產或是產量過少的礦物原料及紡織原料最明顯。

收歸國有的方法，先從「沒收」下手。沒收之後，原有物主對於此物，不得任意轉賣或是製作。「軍用原料司」對於國內所存各種原料，只進行檢查監督，不直接充公。但是有許多原料必須立刻充公，例如：淨銅、混銅，以及鎳、錫，不僅工廠商家所存的這類原料都要充公，各家各店用這類原料製造的器皿，也要全部上繳給政府，以備軍用。

對這類原料的分配方法與用途的監督，是以當時所定「接收存貨及用途報告」的經濟條例為準。這項條例中曾經提到：務必要斟酌情形，根據不同的情況，採取相應的處理措施。對於各處請求原料的情況，必須考察其緩急，分別處置。此外，應該隨時設法尋求這類原料的代替物品。總而言之，分配這類原料的原則，以不影響軍用製造為主。

管理原料的事情，與管理糧食的情形相同，一半屬於政府性質，一半屬於商業性質。例如：對於存貨的分散與集中、沒收與充公，規定物品價格的高低，經濟條例的制定，分配原則的確立，只能以政府權力來處理。但是對與此有關的工商各界意見，必須同時加以顧及。反之，關於沒收物

品的接管以及給價，無論在德國國內，還是在德軍佔領地之內，在德國同盟各邦之內，在可以來往的中立國之內，無不如此。運輸、儲存、分類等手續，完全屬於大規模的商業性質。為了處理這類商業事務，邀集經濟界人士共同組織一種機關，即「戰時原料公司」。

為了供應軍隊的需求，政府實行沒收各種重要軍用原料的措施。結果，所有國內民眾的日常用品，因此受到影響，尤其以沒收紡織、皮革兩種物品帶來的影響最嚴重。後來，軍事部門將沒收的皮革發出一部分，以供民眾使用，並且於一九一六年春季，特組一種機關，以專管這種分配物資給民眾的事情。此外，因為紡織原料缺乏，軍事部門急於準備軍用物資，將工廠已經織成的衣料也加以沒收，使民眾衣物供給受到影響。等到一九一六年二月一日，已經頒布沒收所有衣物原料以及換洗布料的命令以後，籌劃民眾衣物的行動不能再拖延。後來的「全國衣服總局」由此成立，其責任仿照「糧食券」的方法，以處理民眾衣服的事情（但是這種券制，用於衣服比用於糧食困難）。同時，並且設法利用舊衣舊料作為輔助支持。

當時，我剛接任內務大臣的職務，除了籌劃「國民糧食」以外，更要解決「國民衣物」這個重大問題。

後來，原料與勞動力日益缺乏，只用部分限制衣物消費的方法，實在不足以維持局面，於是我們的職責變得更繁重。

「軍用原料司」分配工廠這種有限原料之時，對於一般工廠的營業產生重大影響。分配方法，共有兩種：

（一）所有國內工廠，一律同享分配權利。分配數量的多少，以工廠製造能力大小為依據。結果也是不樂觀，工廠之中，只能一部分開工。

（二）分配原料之時，只以製造能力最大的工廠為限，以便工廠可以全部開工。製造能力薄弱的工廠，一律任其停辦關閉。以經濟論點來看，第二種方法比較完善，因為可以減少人工、煤炭的消耗；但是以民生政策來看，第一種方法也有其特長，因為各家工廠的待遇都是一樣的，而且一些工廠停止營業開除工人的做法，也可以利用工廠減少工作時間的方法代替。

在國內的勞動力與煤炭等資源不是很缺乏的時候，第一種方法是政府樂於使用的。而且在事實上，在「戰爭經濟」初期的時候，政府大多採用第一種方法。尤其是對於原料來源極為缺乏的紡織工業與皮鞋工業，採取「工廠分配」的制度。因此產生的工廠減少工作時間的問題，由社會方面籌集鉅款，以補貼工廠因此而減薪的工人。

到了後來，因為軍用物品的需求日益增加，勞動力的需求也隨之增加。同時，工廠所用的煤炭及其他原料，也有大加節省的必要。到了這個時候，不能不逐漸採用第二種方法，以便製造能力最強的工廠可以全部開工；製造能力薄弱的工廠，只能聽其停辦關閉，無法再顧及民生等各種問題。尤其以「興登堡計畫」（德國陸軍總參謀長興登堡的副手魯登道夫將軍制定的五萬六千噸大型戰艦計畫）與《救國服役條例》，以及一九一六年與一九一七年之交，煤炭大為缺乏諸事，導致政府改用第二種方法。其實，在上述那段時間之前，我已經察覺到：如果想要盡量利用人工原料，不使人力、資本、材料濫用，以利於軍事行動順利進行，直接干涉一些工廠的措施，實在是不可避免的。

一九一六年六月八日，政府因為鑑於人工缺乏，下令禁止增掘加里礦坑。後來（一九一六年六月二十九日），對於各處水泥工廠的新建及擴

充，也加以禁止。因為當時正值專賣條約到期之後，不再續簽，所以害怕一般的水泥工業，趁機濫用人力財力，從事新建或擴充，政府特地頒布這道命令，就是為了預防。此外，我努力奔走於聯邦各個政府及軍事機關之間，設法禁止所有無關住房的建築，以便節省勞動力與材料。最後，我將之前說的「經濟效率原則」，應用到肥皂工業上。戰前，德國這項工業不少於二千餘家，大多規模很小。現在，只挑出幾個最大的肥皂工廠，由政府繼續供給油料，使其繼續工作。其餘各家工廠，令其暫行停工。但是那些工廠，可以向上述工廠訂購貨物，而且有一些折扣。工廠購買貨物之後，再用自己的商號加以包裝，發售到市場上。同樣，對於皮鞋工業，也用類似的方法解決。

但是我對於新聞事業，因其有關公眾福利的緣故，不能不特別顧全各種小報營業，正好與以上「經濟效率原則」相反。

當時，造紙原料日益缺乏，又面臨煤炭不足的困難，我們不可避免地要對新聞行業做出干涉。我們對於造紙原料的置辦與加工，雖然已經十分努力，卻沒有取得很大的效果。原因是：德國國內非常缺乏勞動力，以砍伐各地造紙木料。同時，因為修築戰壕的緣故，需要的木材日益劇增。來自外國造紙木料、纖維素（Zellstoff）、印刷紙的供給，因為協約國對德國實行封鎖的緣故而日益減少。再加上當時，一方面，造紙原料的需求日益增加，尤其是製造戰壕沙袋，需要用這種原料最多；另一方面，因為利用「紙張硝化」的方法來製造「無煙火藥」，紙張的需求量也與日俱增。於是，我們特別新建許多工廠，以滿足上述兩種需求，結果這些新建的工廠，與國內新聞行業互相爭購紙張，使紙張缺乏的情況越來越緊急。

在此情形之下，造紙原料的價格以及印刷用紙的價格，極大地抬高。

各家報館的財務方面，因為廣告收入減少的緣故，就要無法支撐下去。再加上印刷用紙的價格飛漲，更是難以堅持。為了維持各報繼續出版，尤其是中小報館可以繼續營業，特於一九一六年春季，以財政大臣身分提出一些國庫款項，以平抑「印刷紙價」。

自此以後，報館雖然已經設法度過財務難關，印刷紙張缺乏的問題，還是無法解決。我們雖然用盡各種方法以謀求救濟，紙張缺乏的情況，還是一天比一天嚴重。到了最後，市場上所存的有限紙張，有被各家大報爭購而去的態勢。其餘一些小報，陷入可憐的孤立無援境地。因為政府已經支出大筆款項去平抑紙價，以維持全體報界的平衡，不宜繼續聽任各家大報自由爭購紙張，獨得其利。也就是說，到了這個時候，政府對於印刷紙張，必須立刻做出「限制消費」的行動。

一九一六年四月，政府專門組織一個機關，名為「德國報業戰時經濟處」，先由調查實際供需情形入手，以整理德國報業用紙事宜。等到我擔任內務大臣之後，還在上述「德國報業戰時經濟處」之中，特設一種委員會，由報館和紙廠代表組成，以便他們隨時參與商議。關於限制報館紙張消費的舉措，還要借助該委員會的幫助，才可以實行。當時的具體情況是：對於國內各報用紙全部加以限制，實在是太困難了。因為中小報館所出的篇幅有限，如果再對其進行限制，等於對中小報館宣判死刑。反之，規模宏大的報業，每天出版所用紙張很多，卻是可以加以限制。各城各鎮出版的地方小報，因為特別的理由，必須繼續將其維持下去。這種「分級限制」的措施（限制紙張消費的程度，大報多於小報），曾經得到委員會大多數委員的贊成。

後來，因為煤炭日益缺乏，我們對報業的限制更嚴格。於是，一些

大報對我大加攻擊，甚至一些柏林報館，對我採用一種類似罷工的手段。也就是說，各家報館為了抗議，將我一九一七年三月在國會中發表的關於「內務部預算案」的演說，以及我們採用的「戰時經濟政策」，彼此相約表示反對。現在時過境遷，當時攻擊我很厲害的人，或許有一些已經原諒我、理解我。畢竟，我離開內務部之後，沒有聽到有人可以找出一種更好的方法，以解決印刷紙張缺乏的問題。

報館行業與其他行業的性質不同，因為新聞傳播事業，在戰時比平時顯得更重要。想要使全國報紙的作用得到充分發展，必須使各地的小報可以同時存在。因此，上述「經濟效率原則」專門幫助生產能力最大的工廠，以便充分利用勞動力與材料，以達到生產的集中管理，與報館行業的性質不是很符合。反之，對於其他不具有這種特別性質的企業，因為戰事需要，對於勞動力與材料，不能不設法求其「最大效率」。由於情勢所迫，政府在一九一六年年底頒布的《救國服役條例》中，將上述的「經濟效率原則」賦予法律效力。

第二章 《救國服役條例》與興登堡計畫

第一節 缺乏子彈的難關

以當時的整體局勢來說，有必要集中全國的力量，去克服我們面臨的所有困難。到了一九一六年下半年，軍中子彈越來越感到缺乏，此時更覺得集中全國力量的事情，不能再遲緩。

自從戰爭開始以後，我國鋼鐵工業方面，立刻運用其宏大深遠的謀略，努力使我國軍隊在一段時間之內，不必擔心需要的各種武器裝備會缺乏，這確實是一個驚喜。但是子彈消耗之多，尤其是鋼彈需求量之多，在戰事開始的時候，已經出乎我們的意料。當時所有的存彈，轉瞬就會被打完。工廠趕造的鋼彈，不足以滿足前線的需求。於是，一九一四年九月和十月之間，在子彈供給方面，曾經發生極大的困難，使我國軍事的推進，頓時遭受巨大打擊，幾乎釀成可怕的後果。因此，德國所有的鋼鐵工廠，只要有改造子彈的可能性，一律改為製造鐵製子彈，並且以「灰色鐵彈」作為暫時的救濟措施。「灰色鐵彈」的性能，雖然沒有「鋼彈」好，但是其長處在於：可以立刻大量供給。同時，我們設法擴充鋼彈工廠，沒想到可以在短期之內，成立九十多家鋼彈工廠，與開戰之初只有七家工廠的情況，實在不可同日而語。而且，這種工廠出產的生鋼品質，也很令人滿意。我們的鋼鐵工業，在戰事剛開始的時候，雖然曾經遭受巨大打擊，例如：一九一四年七月，溶鋼產量為一百六十二萬八千噸，到了八月的時

候，突然減至五十六萬七千噸。但是其間因為工廠的加倍努力，以及軍界的特別通融，放回已經徵召入伍的工人，這些工人駕輕就熟，結果我國的鋼鐵產量，不久之後又增加了。到了一九一六年夏季，每個月可以出貨一百四十萬噸，大約等於戰前每個月產量的百分之八十五。此外，因為製造鋼彈之時，改用「湯瑪斯鋼」（用英國發明家發明的鹼性轉爐的煉鋼法冶煉的鋼，是二十世紀上半葉西歐的主要煉鋼法）以代替日益缺乏的「西門子-馬丁鋼」（用德國發明家和法國煉鋼專家馬丁發明的平爐煉鋼法冶煉的鋼），鋼彈產量突然呈現突飛猛進的現象。

透過以上的努力，從前所有抱怨子彈缺乏的聲音，逐漸地沉寂。後來，前方需要的子彈，沒有再出現缺乏。一九一六年五月，我曾經向陸軍大臣阿道夫・馮・霍亨伯恩（Adolf Wild von Hohenborn）詢問凡爾登戰役所需子彈的情形。他向我保證，我們的子彈存量多，造彈速度快，可以應付。

誰會想到當年七月一日爆發的索姆河戰役（第一次世界大戰中，規模最大的一次戰役，是一場消耗戰），竟然成為巨大「消耗戰爭」的開端。英軍和法軍的火砲彈藥，頓時佔據優勢。對於敵軍的這個優點，無論是我們的統帥，還是我們的陸軍部，還是我們的砲兵部，顯然沒有考慮到。我們的重要軍事機關，對於未來子彈消耗的巨大，沒有一種確實打算，從以下的事件就可以看出來：之前國內鋼鐵工業，與政府達成的湯瑪斯鋼彈交貨合約，將於一九一六年六月三十日到期。因此，鋼鐵工業總會主席特於數月之前向政府通知，並且敦促政府及時續約。我們的砲兵部，對於此事卻顯得不著急，甚至淡然地處置。鋼鐵工業總會主席等待很久，沒有收到回音，在六月再次向砲兵部催問情況。終於，在七月二日收到回信，信中

聲稱：「現在因為情勢緊張，需要大批湯瑪斯鋼彈，請盡速回電，告知你們可以生產的最高產量……」又過了三天，湯瑪斯鋼鐵廠才召開會議，討論這件事情。當時，參與會議的軍事機關，曾經提出每個月急需的湯瑪斯圓鋼（用以製造鋼彈）數量，這個數量竟然超過湯瑪斯鋼鐵廠每個月產出最高限度，多達數倍。此外，在軍事機關倉促訂購各種鋼製貨物（例如：達姆彈、手榴彈）之時，沒有全盤的計畫。結果，各處關於採購原料的事情，經常互相競爭不已。

軍事機關的這種要求，範圍太廣了，實在是前所未有。在鋼鐵工業方面，軍方立刻將其他所有產品，甚至中立各國訂製的貨物，全部暫時停止製造。而且想要改製大批子彈，工廠內部都要臨時改組。這種改組手續的繁雜程度，勝於之前大戰初期工廠的臨時改組。但是工廠對於改組的事情，也沒有不立刻進行。最終，定於八月十八日，在陸軍部中，將所有條件（例如：要求軍事機關放還一些專門匠人，發還所需製造原料，以及關於訂購貨物的事情，必須統一進行。其他所有需求，例如：中央鐵路總局需要的軌道，必須暫時加以擱置）共同討論表決。但是後來這種討論，沒有產生什麼實際效果。根據參與會議的人說：陸軍部代表與砲兵部代表，以及工程師團代表，對於這類問題，沒有發表什麼高明的見解。

於是，工業界代表開始與我討論這件事情。這些代表對於軍事機關辦理此事的情況，表現得非常不滿意。因此，我督促他們，立刻向陸軍部代理大臣接洽（陸軍大臣留滯在前線大本營中）。因為我認為，代理大臣可以立刻設法解決這個問題，但是這些代表對我的勸告，存有很多顧慮與懷疑。他們只是表示，願意將我的勸告立刻轉達給工業總會。幾天之後，我又收到代表們的來信。透過信件，我知道他們對我的勸告，已經有一些

人採納。根據當時的情況，他們已經直接發電報給陸軍大臣，請他接見鋼鐵工業派往大本營的兩位代表，以便就近討論製造子彈問題。沒過多久，陸軍大臣回電聲稱：陸軍大臣正在東線戰場，暫時不能離開。關於子彈問題，請直接向柏林陸軍代理大臣接洽……後來，克虜伯（Krupp von Bohlen und Halbach，德國著名軍火製造商。見圖2.1）先生發電報給陸軍大臣，他收到的回電內容，也是說向陸軍代理大臣接洽。

一九一六年八月二十三日，德國鋼鐵工業總會將子彈的製造情形和會議意見，做成一份報告送交陸軍大臣，以及其他重要軍事機關，我也向總會索取一份報告作為參考。在此以前，我因為國務總理即將到前線大本營，曾經向其詳細敘述子彈製造的情況，並且請其速向參謀大臣埃里希·

圖2.1：印有古斯塔夫·克虜伯與夫人照片的明信片

克虜伯是德國著名的軍火家族企業，創始人是「火炮大王」阿爾弗雷德·克虜伯。1902年，克虜伯公司的第二代總裁弗里德里希·阿爾弗雷德·克虜伯因為同性戀醜聞自殺，德國皇帝為了防止克虜伯公司落入敵對國家手裡，在1906年挑選年輕的外交官馮·博倫·翁德·哈爾巴赫，讓其入贅克虜伯家族。

馮‧法金漢將軍（在凡爾登戰役以後被解職，由興登堡接任總參謀長）及
陸軍大臣轉述時局的嚴重，並且表示關於訂製子彈一事，確實有改革制度
或是變更方法的必要。

　　幾天之後，法金漢將軍被解職，八月二十八日由興登堡（保羅‧馮‧
興登堡，德國陸軍元帥、政治家、軍事家。見圖2.2）元帥繼任。國務總
理趕赴前線大本營之時，對於調換參謀大臣的事情，尚未知情。我將最近
的「德國鋼鐵工業總會報告書」交給國務總理，請其帶到大本營。但是國

圖2.2：興登堡元帥

保羅‧馮‧興登堡出生於軍官家庭，曾經參加普奧戰爭和普法
戰爭，第一次世界大戰爆發以後，德軍在西線戰場失利，興登
堡在東線的坦能堡會戰中，擊敗入侵的俄國軍隊，晉升為元
帥。1916年8月，興登堡被任命為總參謀長（實際掌握實權），
戰後當選為威瑪共和國總統。

務總理到了大本營之後，遇到興登堡元帥及魯登道夫（埃里希‧弗里德里希‧威廉‧魯登道夫，德國陸軍將軍，興登堡的得力副手。見圖2.3）將軍，才知道他們對於這個問題已經瞭若指掌，而且決定採取果斷措施加以處置。八月三十一日，興登堡元帥致書陸軍大臣，請其全力趕造槍彈，並且將信函抄錄副本，交給國務總理。

一九一六年九月三日，我致書魯登道夫將軍，其中提到：「我從工業界代表那裡，得知這個問題的各種苦難之處。我意以為：想要充分利用我

圖2.3：魯登道夫將軍

埃里希‧弗里德里希‧威廉‧魯登道夫出生於普魯士沒落的地主家庭，大戰爆發以後，他被調往東線戰場擔任第八集團軍參謀長，從此成為興登堡元帥的得力副手。興登堡成為陸軍總參謀長以後，被任命為第一軍需總監（相當於副總參謀長）。1918年西線反攻失敗以後，在國內政治勢力的逼迫下辭職。

們工廠的製造能力，應該以下列三個方面為先決條件。（一）所有工廠中不可或缺的專門製造匠人，應該盡速從前線遣回廠內；（二）訂購槍彈之時，必須統一進行；（三）將來組織總局辦理此事之時，應該由鋼鐵工業界中，選出一個精幹人員作為顧問。我因為聽說現在統帥決定處置這個問題，頓時感到心中顧慮消除，心情暫時得到舒展，因為只有統帥可以使陸軍部努力做好這件事情。」

第二節　兵役義務的擴大

　　兩個星期之後，國務總理又收到興登堡元帥一封信函，主要講述時局的複雜，並且說：「軍隊的補充，子彈的製造，尤其應該特別增加……」同時，興登堡元帥提出一些條陳，其中最重要的，就是擴充全國男子兵役的年限，範圍是由十五歲到六十歲（見圖2.4）。對於全國女子，則是一律承擔「服役義務」。

　　對於充分利用全國人力一事，我雖然認為極有必要，但是對於興登堡元帥的這個計畫，不敢相信確實會有效益。因為當時德國兵役法律規定

圖2.4：被俘的德國少年士兵

第一次世界大戰是一場規模空前巨大的戰爭，歐洲許多參戰國家都出現兵源緊張的情況。德國施行《救國服役條例》以後，對兵役年限進行擴充，服役年齡限制為15歲至60歲。

的年限，是以年滿十七歲開始。十七歲的男子，尚且沒有依法徵召調用，何必擴充至年滿十五歲的人？至於兵役年限，竟然擴充至五十歲以上。如果只擴充至五十歲以下，我認為還有討論的空間。我也認為由此所得的利益，無法抵償因為嚴酷條例而引起的許多害處。如果「擴充兵役年限」只是一種「工作義務」的代名詞，我更認為十分不妥當。政府如果對於新徵召的士兵立刻變更命令，將其留在國內工作，根據以前多次「變更命令」帶來的惡果來看，實在令人不敢抱持樂觀態度。此外，興登堡元帥主張，對於全國女子採用「服役義務」以補充男子職業缺額的措施，似乎完全不瞭解女工代替男工已經到達何種程度（關於此事，我曾經於上文略舉幾種數字，為之說明），以及女工始終供過於求的實際情形。也就是說，現在問題不是「如何可以得到女工」，而是「如何可以為女工謀得工作」。興登堡元帥的條陳對於「強迫女子工作，有悖社會道德」這一點，似乎也沒有十分注意。

如果當時的目的只是在於將男子的力量，特別集中於軍事製造及重要生產上，並且使女工代替男工的措施，也依照之前的方法推廣，我與興登堡元帥的意思，差不多完全一致。但是此項條陳中提出的各種方法（關於此項條陳是否可以取得法律效力，我暫且不管），如果加以實行，結果就會是：所得利益不可預料，因此而產生的損害與妨礙，卻可以明顯地知道。

我認為可以實行的措施，是指工廠已經採用的「經濟效率原則」，即充分利用所有勞動力的原則，並且將其繼續擴充，推及全國各種企業。同時，設法改進女工代替男工的措施，只要可以使用女工的公私企業，全部使用女工。所有國內以及德軍佔領地軍事機關與軍用工廠，似乎也可以用

這種方法加以處理。我曾經將這種見解向國務總理進言，國務總理以我的
見解，回答興登堡元帥。

第三節　最高戰事衙門

對於以上的問題，後面還要繼續討論。最後，興登堡元帥於十月十日，再次提出條陳，並且由威廉・格勒納（一九一八年，魯登道夫辭去陸軍參謀總長以後，威廉・格勒納接任。見圖2.5）將軍於十月十四日遞交國務總理。在這次的條陳之中，興登堡元帥對於之前所用的方法（陸軍部中設置「槍彈局」與「工作局」），無法促進工廠生產能力一事，加以評論，並且說：「長此繼續下去，將來也是沒有任何效果。這兩個部門不具有獨立資格，又沒有太大權力，遇事不能大刀闊斧、快速處置、嚴格監督、斷然執行。同樣，『戰時糧食督辦署』這個組織，其缺點也與此相同。因此，改組的舉措已經不能再拖延。」

「但是我如果想要成功改組，此事所用的各種條例，應該由皇上直接制定，不必經過立法程序……」此項條陳之中，附有關於改組計畫的上諭草稿（上諭即詔書，這裡指興登堡預先為皇帝起草的詔書）一篇。

這項改組計畫，主張設立「最高戰事衙門」。只要與戰爭有關的事情，例如：工人的召集使用及供給，原料槍械子彈的籌措，全部由該衙門管轄。陸軍部中的「槍彈局」、「工作局」、「軍用原料司」，改為隸屬該衙門之下。此外，該衙門對於「戰時糧食督辦署」頒布的關於工人糧食問題的各種條例，要隨時加以監督。監督「戰時糧食督辦署」的做法，只是一種過渡方法，到了相當時期，才將該公署直接併入「最高戰事衙門」之內。

威廉・格勒納將軍向國務總理遞交興登堡元帥這項條陳的時候，還說魯登道夫將軍對於「強迫工作」的計畫尚未完全放棄。但是他（威廉・格勒納自己）對於此事，不是很贊成。然而，就像英國政府的做法，對工人的行動自由稍微加以限制，威廉・格勒納將軍認為是有必要的。組織「最高戰事衙門」，將所有槍彈問題、工人問題、原料問題歸其管轄，以便統一進行籌劃，與我九月三日寫給魯登道夫的信中所說，具有一些連帶關係。但是將「最高戰事衙門」完全與陸軍部脫離關係，卻顯得不是很妥當。經過軍事部門討論之後，決定「最高戰事衙門」仍然應該隸屬陸軍部，不必彼此並立。但是該衙門行使職權的時候，具有獨立自由活動的空間。一九一六年十一月一日，皇上依照此義，下詔設立「最高戰事衙門」，並且讓威廉・格勒納將軍主持具體事務。同時，又將陸軍大臣阿道夫・馮・霍亨伯恩將軍免職，以斯坦因（Stein）將軍代之。

圖2.5：威廉・格勒納

1918年魯登道夫辭職以後，其於10月接替擔任軍需總監職務。當時，德國爆發革命，他勸說德國皇帝威廉二世退位。1919年退伍，後來曾經幾次復出，擔任交通部長、內政部長等職務。

第四節　《救國服役條例》

　　以上的改組計畫尚未公布之前，威廉‧格勒納將軍又於十月二十八日通知國務總理，大意如下：興登堡元帥想要對之前提出的條陳，稍加更改以後再應用，即全國男子自十五歲起至六十歲止，以及全國女子，一律承擔「工役」（各種勞動的義務）。按照此項通知，與興登堡元帥十月十日遞交國務總理的信函中所說的「此事所用的各種條例，應該由皇上直接制定，不必經過立法程序……」不是很相符。

　　次日，國務總理邀集威廉‧格勒納將軍以及其他主管人員，共同討論這個問題。威廉‧格勒納將軍對於「工役」制度必須採用的理由（威廉‧格勒納在十四日之前向國務總理表示，自己不是很贊成這項「工役」制度），是為了實行「興登堡計畫」。也就是說，實行製造大批槍彈的時候，必須使用大量勞動力。直到現在，我才聽說這項計畫的擴大內容。原來這項計畫，已經由軍事部門製成，並且與大多數工業家完成協商。但是，軍事部門對於這種與國民經濟有很大關係的問題，而且實行這項計畫必須具有許多經濟前提，事前竟然不與我討論。當時，我是全國經濟事宜的主管人員。後來我得知，鐵道大臣布賴滕巴赫（Breitenbach）與商業大臣賽多（Sydow），對於制定此項計畫的事情，也是未曾被告知。實行此項計畫的時候，關於大規模運輸工廠建築材料以及需要使用大量煤炭的事情，與我國鐵路運輸能力、煤礦出產限度、現存勞動力數量，具有密切關係。因此，這兩個大臣也像我一樣，非常懷疑這項計畫的實行問題。這兩

個大臣還說，再這樣過分緊張下去，就會產生不好的結局。

關於「工役」一事，威廉‧格勒納將軍只能轉述其中大意，並且用「救國服役」作為粉飾。這種「工役」制度，沒有確切的規定，也沒有詳細的條目。後來共同討論的時候，實行這種「工役」即將產生的許多難題，逐漸暴露出來：承擔這項「工役」的人，是否也像承擔「兵役」的人一樣先行註冊，然後編成「工隊」送入特定工廠，指揮彼等工作？無論是什麼人，都知道這絕對不可能實現。此外，將來徵召的「工隊」，其中有一大部分，已經在軍用製造工廠或是關係民生的企業工作，如果現在讓他們辭去工作，前來投效「工隊」，再將他們送回類似的工廠，或是其他不是很重要的工廠，這樣做不僅毫無意義，而且會給許多企業帶來阻礙。至於「工役」施行的實際限度，只能限於下列一般工人：從來不工作的人；在對於軍事民生不重要或是不甚重要的工廠工作的人；雖然在重要的工廠工作，但是工廠所用勞動力存在多餘的情況。實行徵召這類工人，並且給予相當重要工作的舉措，必須有一種適當的組織。此外，還要強迫這類工人，如果遇到政府給予工作之時，不得無故拒絕。同時，應該組織一種檢察機關，以禁止工人無故擅自離開軍用工廠。也就是說，要限制工人自由地改換職業。這種嚴格限制個人自由的做法，必須制定一種執行程序及法律保護，以維護這類工人的權利。如果有一件事情是可以預料的，那就是：將來國會討論這項「工役」法律之時，所有以往對於「勞工委員會」、「仲裁機關」、「調節所」的希望，以及工人自由結合權利的要求，將會成為政治爭奪的工具。我對威廉‧格勒納將軍關於採用「工役」制度抱持的理由，在根本上雖然不能反對，但是對於這項「工役」制度的效果，不如對軍事機關的期望大。現在，德國處於萬分危急的境地，只要

可以促進人工效用的方法，都不能放棄。至於「工役」一事，擴及全國女子以及年齡未滿十七歲的童工，因為各方激烈反對的緣故，威廉‧格勒納將軍只好將其取消。

後來，我准許對於這項「工役」問題，擬定一種草案，以備繼續討論。

當天剛好是星期日（十月二十九日），我除了例行公務以外，更因為國會討論「戒備狀態」及「檢查信件」的事情，「聯邦會議」的「外交委員會」即將於十月三十日召開會議的事情，以及波蘭問題亟待解決的事情，異常忙碌。但是對於這項草案大綱的擬定，有幸可以趕期製成，在星期四（十一月二日）與威廉‧格勒納將軍商議，並且與他約定：下個星期之中，邀集勞資雙方代表，共同秘密討論。同時，皇上依照國務總理的意思，主張：先觀察我們的同盟國提出的「停戰議和條陳」的效力如何，再決定公開討論這項「工役」問題的事情。

十一月四日，國會進行討論並且做出決定——休會。當月六日上午，國務總理寄一份電報給我，是外交部代表從大本營中發來的，大意是：魯登道夫將軍宣稱，這項《救國服役條例》不能遲延一刻。魯登道夫將軍想要將這個意思，直接奏陳皇上。當日午後，國務總理敬奉皇上透過電報發來的詔書，責令將《救國服役條例》的事情辦好，措辭異常嚴厲。後來幾個星期之中，我每天都在萬分壓力之下，趕製這項「工役」條例（該條例的草案，經過普魯士政府議決之後，即於十一月十日呈給皇上御覽。不久，在當月十四日得到皇上的旨意，隨即轉送「聯邦會議」（而且已經秘密向「聯邦會議」代表接洽妥當），大本營，卻不斷地嚴厲催促。直到現在，我還是無法瞭解，他們如此催迫的意義究竟在哪裡？實行這項條例，

必須由最近設立的「最高戰事衙門」做好各種準備。現在，該衙門對於此事正在從速進行。其實，即使所有準備十分周到完善，這項條例的效果也無法在幾個小時之內產生，必須經過很長一段時間，才可以見效。在其他方面，這項條例與全國經濟、民眾生活關係重大，我必須與經濟界討論接洽。同時，我還要等候各個聯邦政府的決議，以及預備將來在國會提出討論的各種程序，這些需要我花費一些時間才可以完成。

　　無論如何，我絕對不願意繼續承受這種不斷地催迫。於是，我向國務總理表示，不願意在軍事大本營的鞭策下工作，並且請其轉告皇上，准許我辭職。但是國務總理認為，大本營表現出來的各種憤怒，大多是針對他。因此，他決定前往普萊薩（Plessa），拜訪皇上及興登堡元帥，先交換意見，再決定他的去留問題。後來，雙方交換意見之後，彼此的誤解暫時消除，但是真正互相瞭解，卻始終未曾辦到。國務總理從普萊薩回來的時候，已經感覺到他與帥營之間，確實有許多問題，雙方意見很難達成一致。

第五節　《救國服役條例》與國會

十一月二十一日，《救國服役條例》由「聯邦會議」決議以後通過。當月二十五日，總理召集國會討論這件事情。但是在兩天之前，因為我與各黨領袖接洽的結果，國會的「國務委員會」已經開始討論這項條例。開會的時候，委員們經常從早上至深夜，詳細研究所有條例中的各項規定。該委員會要求（正如我預料）所有細小事項，例如：實行這項條例的時候需要的「執行機關」與「公斷機關」，以及應徵工人享有的法律保護權利，都要正式列入條例正文之內（在草案中，對於這些細小事項的規定，只是大概說明，將來再由「聯邦會議」詳細制定）。此外，還有許多關於民生問題及政治問題的提案，我已經預料或是未曾預料的，都要在此條例宗旨容許的範圍內加以討論，這樣就會非常繁瑣複雜。帥營代表初次與工會接洽之時，曾經表示，希望國會可以將這項條例視作一種愛國壯舉，應該不必討論，全部通過……現在，國會卻如此逐條刁難，恐怕會讓帥營失望。

國會「總務委員會」對於這項條例，因為日夜緊急商議的緣故，在十一月二十八日晚上，終於結束討論。後來幾天之內，由國會召開全體大會，公開討論這項草案。十一月三十日中午十二點，開始第二次會議，直到午夜十二點的前幾分鐘，會議結束。十二月二日午後，開始第三次會議。結果，贊成者二百三十五票，反對者（都是獨立社會民主黨）十九票，未參加表決者八票。於是，此項條例直到最後一刻，還有一些條文引

起激烈爭論。我在國會中的處境非常困難，因為國會討論這項草案的時候，所用的時間太少，無法廣泛徵求各個聯邦政府的意見，無法知道各個聯邦對於草案增改的情況是否有異議。我因為想要保持「聯邦會議」的立法權限，對於國會各種提案，如果我認為可以接受，或是我認為可以向各個聯邦政府疏通，只能全部加以拒絕。因此，我在國會中宣稱：此事必須留待各個聯邦政府解決。國會對我這種「中央閣員」及「聯邦代表」兩種職務下產生的態度，經常不是很瞭解。此外，還有一件事情，使我感覺難上加難：「最高戰事衙門」長官威廉・格勒納將軍，與我同在國會之中擔任政府代表。威廉・格勒納以軍人天真的本色，經常獨自與議員談判，私下答應他們的要求，而且不通知我。有一次，「國會委員會」中，有一位社會民主黨議員，曾經對我說：「我們不瞭解你的態度，你現在激烈反對的，都是威廉・格勒納。」

在三次會議中，也會產生一種最大難關。會議的前一天晚上，有人對我說：「民主自由黨方面，因為議員伊克勒（Ickler）的慫恿，要在國會中共同提案，主張第二次會議已經通過的「勞工委員會」及「仲裁機關」兩種組織，還要用到國有鐵道方面（伊克勒是德國鐵道工會中，一個有影響力的人物）。」但是普魯士鐵道大臣以及全體閣員，在上次會議之時，對於社會民主黨的相同提議，曾經加以激烈反對。鐵道大臣的反對舉動，主要表現在設置仲裁機關，因為設置這個機關，等於在鐵道部及鐵道工人兩個方面之外，另立第三種獨立機關來執行仲裁。反之，因為我疏通的結果，取得鐵道大臣布賴滕巴赫的許可：對以前的「勞工委員會」加以擴充，以回應國會屢次口頭或是書面表示的希望。鐵道大臣既然做出這種讓步，民主自由黨議員就在會議開始之前，將已經印好的伊克勒提案撤回。

社會民主黨雖然沒有在國會中直接提出與此相似的提案，但是因為得知民主自由黨議員已經將這項提案撤回，於是社會民主黨議員決定再次提出這項提案。該黨議員列金（Legien）將提案理由當眾分析之後，民主自由黨議員伊克勒私下對我說：「社會民主黨既然重新提出這項提案，我們黨內的同志仍然應該投票贊成……」同時，中央黨一些議員的態度十分曖昧。因此，如果想要阻止該項提案通過，只有由我確實表明態度，並且指出此項決議的結果（此項決議如果在第三次會議通過，就沒有修改的機會）。所以，我在列金議員發言結束之後，立刻發表演說。首先，我報告普魯士鐵道大臣允許擴充「勞工委員會」組織的事情，並且簡述反對鐵道部添設「仲裁機關」的理由。最後，我明確地說：「雖然我的心中感到極度不安，但是必須明確地告訴你們，如果這項提案通過，所有條例就會陷入停頓！我在今日之前，從未在你們的面前做出這種表態，但是現在必須向你們說明……」

我以上所說的言論，曾經引起國會及報紙的激烈攻擊。但是在其他方面，卻產生一種效果：有一些議員，尤其是民主自由黨伊克勒一派議員，以及中央黨與勞工組織關係密切的議員，原本擬定投票贊成社會民主黨的提案，到了關鍵時刻，改投反對票。結果，贊成者一百三十八票，反對者一百三十九票。這項提案因為一票之差，未能通過成立。我前往國會，列席投票大會之時，已經拿定主意，並且將各種文卷先行整理，以便這項提案通過之後，立刻去找國務總理，請求辭職。

這個問題的解決，使我的精神得到舒緩。我負責的工作，已經超過一般人的精力之外，最後幾個星期之中，工作特別多，使我難以勝任。再加上軍事大本營及國會的各種衝突，也使我十分難受。這樣一來，使我有

志於做出一番成績的雄心，難免消磨殆盡。我的身體健康，也在那段時間遭受損傷。此外，將來還有許多重大衝突、爭執的事情繼續發生，我已經料到了。我出席國會討論《救國服役條例》的時候，已經察覺大多數議員之中，尤其是社會民主黨議員，對我帶有一種成見。他們認為，我曾經擔任銀行總裁，因此我現在堅持的社會政策，仍然是代表資本主義的利益，不會因為我的生活全部依靠自己工作維持，始終簡陋無比，稍微對我有所理解。但是在其他方面，我因為九年以來，從事實際工作得到的習慣，對於國會這種工作方式（永遠不脫離黨派立場，遇事討論爭執不已。當時，前線正在苦難之中，為了民族生存而作戰。國家的危急，已經到了燃眉的地步）痛恨不已，而且隨著時間增加。我與大本營的彼此隔閡情形，我也認為沒有改善的可能。其間，皇上於《救國服役條例》問題解決之後，命人賜我一幅其騎馬畫像，以表示其始終信任之心，但是我對於今後合作日益困難之情形，未能因為皇恩溫慰而完全去懷。但是此後這種個人情感，最終被責任義務之心抑制。只有仍然繼續忍耐，向前奮進，以盡其責之一途。

第六節 《救國服役條例》的施行

關於執行這項《救國服役條例》的部門,曾經在條例之中,明確規定由「最高戰事衙門」負責。在該衙門之中,十五位國會議員組織成立「委員會」,而且擁有權力以參與事務。因此,我對於執行此項條例的具體措施,只能在某種狹小範圍之中預先瞭解。

國會討論此項條例之時,對於第九條的內容有一種特別解釋,與後來的執行程序具有重大關係。

第九條的內容規定:為了實現「工役」理想,必須解決「限制工人自由離職」問題。換句話說,工人如果要離廠另找工作,必須取得原廠主的離廠證明。如果廠主拒絕開出證明,工人可以到勞資雙方共同組織之委員會申請,再由委員會審查。如果工人確實有「重要理由」,由委員會開出離廠證明。

這項規定在當時的條例草案中,即已提及。但是在「國會委員會」討論之時,卻主張增補一句:改善工人的待遇,也是工人離職的重要理由之一。當時,我極力反對這種增補,不久委員會的委員之中,也有人表示反對,尤其是帕耶(Payer)議員及希佛(Schiffer)博士,因為把「改善工人的待遇」作為離廠的重要理由,完全違背此項條例的宗旨。據我看,這項規定促使工人形成離職觀望而期待更高待遇的心理。我害怕這項片面的解釋,不僅無法減少工人隨意離職的弊端,反而使工人本來沒有找新工作的想法,也無法在自己的職位上認真工作。

帕耶議員認為，這種偏重待遇問題的做法，將會使所有條例的效力減弱。最後在委員會中，多數委員協商之結果，是將補充的內容刪改如下：「審查工人的離廠理由是否重要之時，應該視作離廠另找工作之重要理由。」

　　這樣一來，可以顧全條例的宗旨，並且將「同時顧及《救國服役條例》的需求情形」這句話，放在條例的最前面。

　　但是，在國會全體大會之時，卻有人提議，將此條文的第一句刪去。與會者竟然不顧我的爭執，聽從提議，將此句刪去。

　　後來，因為這個條文產生的不良後果，可以證明我當時的遠慮是很有必要的。現在，一般人（社會民主黨也包含在內）認為不健全地提高待遇的問題，就是從當時的軍用工業開始。國會當天增補的上述條文，又是軍用工業提高待遇的根本原因。

　　同時，「最高戰事衙門」與工廠訂立交貨合約之時，逐漸不用「先行定價」的方法，而是等到交貨之後，再計算耗費多少人工和材料，然後議定一種價格，使得提高待遇的力道更大。因為這種合約方法，使許多廠主爭相出價，以吸引工人進廠。提高待遇的損失，不再由那些廠主負擔，而是由國家負擔。提高待遇之後，那些廠主獲得的利潤甚至更多，因為他們賺到的錢，隨著人工和材料的價值，每天都有增長。後來，「最高戰事衙門」發現這項弊端，立刻發出公告，對這個合約方法加以批評。但是該衙門卻忘記了：這個方法的採用與廢除，是該衙門自己份內之事。

　　至於《救國服役條例》的效力，除了上述待遇問題暫時不做討論以外，受到一件事情可以做到的程度大小的影響：如何改組各種工廠，以收到提高生產能力的效果。尤其是如何歸併停辦一些不重要的工廠，使其工

人離職，以便改用於其他重要工業。關於此事，在國會「總務委員會」討論的時候，以及「最高戰事衙門」的「十五人委員會」開會商議的時候，已經不知道討論多少次，但是實際工作未能盡如理論空話說的那樣，每天都有進步。因此，後來內務部對於這個問題，只能逐漸由「最高戰事衙門」手中收回，自行辦理。

第七節　《救國服役條例》的效力

　　關於《救國服役條例》的效力，我到現在還是無法做出最後的結論，因為與此有關的各種材料，我都沒有找到。但是以我的印象來說，這項條例的效力，實在是不如當時軍事部門的期望。如果以整體來說，帶來的利益更是不如帶來的損失多，我們根據民眾的輿論就可以瞭解到。當時，創議制定這個條例的人，以為該條例頒布之後，愛國狂潮就會洶湧而起。但是在事實上，卻不是這樣。國內一些激進派，反而將這個「強迫工作」的條例，作為四處煽動的材料。假如當時只是繼續沿用「提高經濟效益」的方法，限制不重要工廠的耗費人工，將全國力量集中於和軍事、民生有關的各種企業，收到的成效一定會勝過這種大吹大鬧的《救國服役條例》。

　　現在我可以斷言的，就是這項《救國服役條例》的施行，無法使「興登堡計畫」實現。正如我從前（一九一六年十月二十九日）在國務總理那裡初次與當時新任的「最高戰事衙門」長官所說的，「興登堡計畫」之所以難於實行，不僅在工人問題方面，更與運輸及煤炭問題有密切關係。其實，這項計畫的弊端還有很多。這項計畫實行的結果，不僅在工人之中引發許多混亂，甚至運輸及煤炭事業，也因此受到不利的影響。

　　到了一九一七年二月，軍事部門不得不通知工業界：所有各種新建軍用工廠，如果無法在最近三到四個月內完工，一律暫時停止進行。當時困難的情形，尤其是運輸困難的情形，實在已經達到極點。已經製成的四十個熔鐵爐，因為無法運輸，只能放著而派不上用場。因此，想要避免未

來的巨大災禍，可以暫時減少軍用製造，以便分出精力趕製鐵道用品的舉措，已經是刻不容緩。「興登堡計畫」因為情勢所迫，雖然已經必須加以限制，但是國內經濟秩序仍然無法完全恢復。當年冬天，天氣特別寒冷，水路不能通行，鐵路尤其擁擠。結果，運輸上的困難，更是有增無減。煤炭的缺乏情況，也是一天比一天嚴重。軍事部門因為要趕製鐵道用品，對於製造子彈的事情，不得不進行限制。現在關於煤炭的採購與消費，也感到必須快速決斷處理。

最初，關於煤炭問題的事情，由「最高戰事衙門」處理。該衙門對於煤炭分配問題，曾經組織重要機關專門管理。但是到了一九一七年二月，該衙門逐漸覺得對於這個問題，已經無力解決。於是，該衙門的長官威廉‧格勒納將軍，邀集普魯士商業大臣和我，共同商議處理此事的方法。最終，我們決定添設「中央煤炭委員」一職，並且具有獨立行使職權的資格。對於沒收及分配煤炭的事情，更是擁有極大的權力。為了便於直接與軍事部門聯絡，將中央煤炭委員附加到「最高戰事衙門」之中，但是仍然受到國務總理監督。

但是，後來我們發現中央煤炭委員，在此情形之下，對於充分採購煤炭，尤其是解決煤炭急需之事，實在是無法進行。關於煤炭的開採和分配情況，在大戰剛開始的時候，曾經受到很大的打擊，但是不久就恢復正常。每年開採硬煤的數額，已經距離戰前的產量不遠。至於褐煤，更是超過戰前開採的數額。但是這種煤炭，除了所用勞動力太少，環境甚為惡劣之外，再加上鐵道運輸困難，直到一九一七年春季，還是無法將已經開採的煤炭全部運走。數十萬噸的煤炭，經常任其掉在山下。後來，車輛逐漸充足，可以將採購的煤炭全部運回預備軍用的時候，卻發現：軍事機關提

出的「製造槍彈急需的煤炭總額」，已經超過所有煤炭工人可以開採出來的總額。一九一七年，「中央煤炭委員」製成一份「煤炭預算案」，開採總額是一億六千萬噸，需求總額是一億八千三百萬噸，差額不在二千三百萬噸之下。至於限制消費的措施，查閱資料可以知道：當時，軍用製造以外的各種煤炭消費（其中最重要的，是鐵路、家庭、煤氣廠、自來水廠、電氣廠的需求，以及依照條約供給中立各國煤炭的需求），已經不能再加限制，即使可以再加限制，節省的數額也是少得可憐，對縮小當時的差額沒有任何幫助。而且家用煤炭的數額，已經減到一千四百萬噸，可以說是少得不能再少。因此，我對於家用煤炭的數額，竭力主張不能再減少。於是，對於煤炭缺乏問題的解決，只有兩種途徑：限制軍事部門製造槍彈的計畫；前線的煤炭工人解除武裝，回到後方努力開採煤炭。也就是說，對於槍彈數量與士兵數量，我必須權衡輕重，加以決定。然而，這是軍事部門份內之事，只有軍事部門知道輕重緩急而進行果斷處置。至於我，只能向軍事部門詳述軍事以外各種煤炭消費的限制已經達到極點，並且說明此事的解決，只有放回前線的煤炭工人，或是盡力限制「興登堡計畫」。一九一七年六月，我與魯登道夫將軍討論這個問題之時，特地提出這個意見。

後來，軍事部門決定，放回前線的煤炭工人，並且對「興登堡計畫」進行限制。當時，我國飽受煤炭缺乏之苦，如果國內濫用一噸煤炭，等於減少前線一些武力。因此，對於國內各種煤炭消費，同時加以極度的限制。

我國的財政力量，因為軍事部門槍彈計畫過分緊張，也陷入艱難的處境。例如：每個月軍費支出數額，在一九一六年八月，還在二十億馬克之

下，到了一九一六年十月，超過三十億馬克。再過一年之後，每個月的軍費支出，逐漸超過四十億馬克。到了一九一八年十月，竟然達到四十八億馬克。也就是說，此時雖然是在「興登堡計畫」受到限制之後，關於軍費支出日益膨脹的情況，已經無法加以阻止。

一九一九年二月，財政大臣希佛博士（Dr.Schiffer）在國民議會之中直接宣稱：「興登堡計畫」是絕望以後的孤注一擲計畫。其實，這種觀點不是十分適當。當時，提出這項計畫的各位先生（這項計畫，雖然名為「興登堡計畫」，但不是興登堡元帥提出的），在其頭腦中，本來沒有「絕望」二字存在，他們的計畫只是一種「過於自信的計畫」，以及「過於高估德國經濟力量的計畫」。如果當時可以認清真正形勢，做好自身力所能及的工作，不要隨意將寶貴的材料，尤其是將寶貴的勞動力，安排在毫無成就的新建軍用工廠這種類似的事情，就可以從根本上避免。因為很多新建的工廠，缺乏勞動力和煤炭，始終無法完全成型。雖然有些工廠已經初具規模，卻無法全部開工製造。當時如果善於調度，就可以利用比較少的人工物力，製造更多的軍用物品，也可以避免我國經濟的停頓與破產。國民經濟如果陷於停頓或是破產，全國抵禦能力的基礎，也會隨之動搖，陷於不可收拾的境地。

附錄　第一次世界大戰大事年表

1879年　德、奧締結「同盟條約」。

1882年　德、奧、義三國同盟正式建立。

1904年　英、法簽訂協約。

1905年　德軍總參謀長阿爾弗雷德・馮・史里芬伯爵提出著名的「史里芬計畫」，即後來「閃電戰」的雛形。

1907年　英、俄簽訂協約，象徵英、法、俄三國協約正式成立，歐洲兩大軍事集團最終形成。

1908年　奧匈帝國併吞波士尼亞和赫塞哥維納，引起想要在這個地區擴張勢力的塞爾維亞的不滿。

1912年　第一次巴爾幹戰爭爆發，加劇巴爾幹半島的衝突。

1913年　第二次巴爾幹戰爭爆發，德國和奧匈帝國利用巴爾幹同盟內部瓜分鄂圖曼帝國佔領地不均而產生的衝突，極力煽動保加利亞反對其他盟國。

1914年6月28日　「塞拉耶佛事件」爆發，這是第一次世界大戰的導火線。

1914年7月28日　奧匈帝國向塞爾維亞宣戰，第一次世界大戰爆發。

1914年7月30日　俄國開始軍事總動員，德國向俄國和法國提交最後通牒。

1914年8月1日　德國對俄國宣戰，並且於當天晚上進攻盧森堡，奪取

鐵路運輸線。

　　1914年8月3日　德國向法國宣戰，並且宣稱進軍比利時。

　　1914年8月4日　英國宣布參戰。

　　1914年8月5日　西線德國第1、第2集團軍發起突破比利時要塞的進攻，閃電戰開始。

　　1914年8月13日　俄國為了支援法國，在東線對德國發起進攻。

　　1914年8月14日　法軍從瑞士南部邊境發起反攻，收復一些失地，但是最終被德國第6、第7集團軍擊退。

　　1914年8月16日　「邊境交戰」爆發。德軍突破要塞，將戰線向西推進，之後比利時至亞爾薩斯-洛林一線發生許多戰鬥，雙方投入350萬人，但是沒有發生大規模作戰。

　　1914年8月16日　地中海戰場，法國艦隊擊沉一艘奧匈帝國巡洋艦，自己的一艘無畏艦被奧匈帝國重傷。

　　1914年8月17日　俄國第1、第2集團軍入侵東普魯士，「東普魯士戰役」爆發。

　　1914年8月18日　東線戰場，奧匈帝國與俄國西南方面軍交戰。

　　1914年8月20日　德軍由比利時布魯塞爾向前推進，與法軍發生遭遇戰，法軍敗退至馬恩河。與此同時，德軍第1、第2集團軍橫掃比利時，進行迂迴包抄作戰。

　　1914年8月23日　興登堡和魯登道夫來到東線主持作戰，發動「坦能堡會戰」。

　　1914年8月23日　日本對德國宣戰。

　　1914年8月26日　德國第1集團軍在勒卡托與英軍遭遇，雙方損失慘

重。

1914年8月28日　「黑爾戈蘭灣海戰」爆發，英國皇家艦隊中將大衛．貝蒂擊沉德國公海艦隊3艘輕型巡洋艦和1艘驅逐艦。

1914年8月31日　東線俄國薩姆索諾夫集團軍全軍覆沒，德軍大勝。

1914年8月底　法軍統帥霞飛面對潰敗局面，重新部署軍隊，聯合英軍建立防線，準備反攻。

1914年9月2日　德軍先鋒部隊逼近巴黎，法國政府遷往波爾多。

1914年9月5日　第一次「馬恩河戰役」爆發。

1914年9月11日　德軍撤出陣地，第一次「馬恩河戰役」結束，英、法聯軍獲勝，將戰線反推69公里，但是雙方傷亡慘重。

1914年9月13日　德軍撤出陣地以後，向北退至埃納河畔建立防線，英、法聯軍追擊至此，與德軍對峙。

1914年9月15日　俄軍全部撤至涅曼河東岸，「東普魯士戰役」結束。

1914年9月18日　英、法聯軍的正面進攻沒有取得進展，欲採取運動戰攻擊德軍右翼，德軍也想攻擊聯軍左翼。雙方向北機動作戰，直至推進到北部沿海的英吉利海峽，雙方未能打破對方防線，史稱「奔向大海」。

1914年9月21日　俄軍包圍普熱梅希爾要塞，德國從西線抽調兵力援助奧匈帝國。

1914年9月28日　德軍及其盟軍進攻波蘭。

1914年10月12日　同盟國軍隊逼近華沙，被俄軍阻攔以後，退回邊境線，波蘭西南部戰役結束。

1914年10月中旬　「伊普爾戰役」爆發。「奔向大海」行動結束以後，德軍伺機打破對方防線，在比利時西南部小鎮伊普爾發起總攻。幾個

月以後，英國遠征軍幾乎全軍覆沒，德軍攻佔法國最富庶的地區，戰役宣告結束。雙方在交戰後期深感疲憊，開始深挖塹壕。

1914年10月30日　德軍指揮一支土耳其艦隊炮擊俄國敖得薩港，第二天，土耳其被捲入戰爭。

1914年11月11日　日軍在英國的支持下，侵佔中國山東青島。

1914年12月中旬　德國公海艦隊炮擊英國海岸居民區，其他更多的時間，德國5艘軍艦偽裝成商船，對協約國艦隊進行襲擊。

1915年1月1日　英國1艘戰列艦被德國公海艦隊擊沉。

1915年1月9日　德國皇帝發出命令，將於2月1日實施「無限制潛艇戰爭」，美國商船遭受巨大損失。

1915年1月24日　英、德兩國在海上爆發戰列巡洋艦大戰。

1915年2月15日　在西線對峙期內，法軍嘗試發起進攻，直至3月16日止，收效甚微卻傷亡慘重。

1915年2月19日　英國皇家海軍地中海艦隊炮轟達達尼爾海峽，「加里波利之戰」爆發。

1915年3月18日　協約國艦隊硬闖達達尼爾海峽，觸發魚雷以後撤退，英國謀求登陸作戰。

1915年3月18日　東線戰場，普熱梅希爾要塞10萬守軍投降俄國。

1915年4月6日　法軍對凡爾登以東的聖米耶勒地區進行攻擊，持續到24日，史稱「韋爾夫會戰」。

1915年4月22日　德軍發動第二次「伊普爾戰役」，首次使用毒氣。5月25日戰役結束，雙方傷亡數萬人。

1915年4月25日　英軍在土耳其登陸成功，但是很快被土耳其軍隊擊

退。

1915年5月7日　德國潛艇擊沉郵輪，有許多乘客死亡，包含美國的115名公民。

1915年5月9日　西線戰場，英軍和法軍分別對德國發起進攻，至5月底傷亡10萬人，無戰果。

1915年5月23日　原屬同盟國陣營的義大利加入協約國陣營，對奧匈帝國作戰。

1915年6月3日　德、奧聯軍收復普熱梅希爾要塞。

1915年8月4日　華沙被德軍佔領。

1915年8月底　布列斯特-立陶夫斯克要塞被德軍攻破。

1915年9月25日　協約國在西線戰場發起「洛斯戰役」，持續到11月4日以失敗告終，協約國傷亡更慘重。

1915年9月底　德、奧聯軍佔領波蘭部分領土，並且收復加利西亞。

1915年10月　保加利亞加入同盟國陣營。

1915年11月23日　協約國登陸部隊開始從土耳其撤退，協約國50餘萬人遠渡重洋而來，44萬餘人陣亡，9萬餘人負傷。

1916年2月21日　「凡爾登戰役」爆發，持續到12月19日。這是第一次世界大戰中，破壞性最大、持續時間最長的戰役。

1916年3月　葡萄牙加入協約國陣營。

1916年5月31日　「日德蘭海戰」爆發，這是第一次世界大戰中，規模最大的海戰，戰後英國仍然掌握制海權。

1916年7月1日　「索姆河戰役」爆發，這是第一次世界大戰中，規模最大的戰役，英軍首次使用坦克。

1916年8月27日　羅馬尼亞對奧匈帝國宣戰。

1917年4月　美國宣布對德國作戰，加速同盟國陣營的失敗。

1917年8月14日　中國北洋軍閥政府向同盟國宣戰，並未派遣軍隊，派出17.5萬工人。

1917年11月7日　俄國爆發十月革命。

1918年3月3日　俄國與同盟國簽訂《布列斯特-立陶夫斯克條約》，退出帝國主義戰爭。

1918年7月15日　德軍發起第二次「馬恩河戰役」，這是德軍發動的最後一次大規模戰役。

1918年7月底　協約國發動第一次大反攻，將戰線推進到馬恩河一線。

1918年9月底　協約國開始全線出擊，突破「興登堡防線」，同盟國集團開始瓦解。

1918年10月29日　德國基爾港爆發起義，4萬名船員拒絕作戰。

1918年11月9日　柏林工人起義，威廉二世宣布退位。

1918年11月11日　簽署停戰協定，象徵第一次世界大戰結束。

1919年1月18日　巴黎和會正式召開，中國的正義呼聲被忽視。

1919年5月4日　中國爆發「五四運動」。

1919年6月28日　簽署《協約國及參戰各國對德和約》，即《凡爾賽和約》。同時，協約國分別與奧地利、匈牙利、土耳其等國簽訂許多和約。

富能量 08

經濟戰爭與
戰爭經濟

作者	卡爾·赫弗里希
譯者	王光祈
美術構成	騾賴耙工作室
封面設計	九角文化/設計
發行人	羅清維
企劃執行	張緯倫、林義傑
責任行政	陳淑貞
企劃出版	海鷹文化
出版登記	行政院新聞局局版北市業字第780號
發行部	台北市信義區林口街54-4號1樓
電話	02-2727-3008
傳真	02-2727-0603
E-mail	seadove.book@msa.hinet.net
總經銷	知遠文化事業有限公司
地址	新北市深坑區北深路三段155巷25號5樓
電話	02-2664-8800
傳真	02-2664-8801
網址	www.booknews.com.tw
香港總經銷	和平圖書有限公司
地址	香港柴灣嘉業街12號百樂門大廈17樓
電話	（852）2804-6687
傳真	（852）2804-6409
CVS總代理	美璟文化有限公司
電話	02-2723-9968
E-mail	net@uth.com.tw
出版日期	2022年03月10日　一版一刷
定價	280元
郵政劃撥	18989626　戶名：海鴿文化出版圖書有限公司

國家圖書館出版品預行編目（CIP）資料

經濟戰爭與戰爭經濟：德國財政部長一戰回憶錄 ／ 卡爾·
赫弗里希作 ； 王光祈譯. -- 一版. --
臺北市 ： 海鴿文化，2022.03　面 ； 公分. --（富能量；08）
ISBN 978-986-392-410-4（平裝）

1. 經濟情勢　2. 經濟戰略　3. 德國

552.43　　　　　　　　　　　　　　111001427